OBRIGAÇÕES MUNICIPAIS

UMA SOLUÇÃO DE MERCADO
PARA O FINANCIAMENTO MUNICIPAL

AS EXPERIÊNCIAS DO DIREITO COMPARADO
E A DINÂMICA DE IMPLEMENTAÇÃO

MARTA REBELO
Mestranda na Faculdade de Direito de Lisboa
Docente do grupo de ciências jurídico-económicas da Faculdade de Direito de Lisboa

OBRIGAÇÕES MUNICIPAIS

UMA SOLUÇÃO DE MERCADO PARA O FINANCIAMENTO MUNICIPAL

AS EXPERIÊNCIAS DO DIREITO COMPARADO E A DINÂMICA DE IMPLEMENTAÇÃO

ALMEDINA

TÍTULO:	OBRIGAÇÕES MUNICIPAIS – UMA SOLUÇÃO DE MERCADO PARA O FINANCIAMENTO MUNICIPAL
COORDENADOR:	MARTA REBELO
EDITOR:	LIVRARIA ALMEDINA – COIMBRA www.almedina.net
LIVRARIAS:	LIVRARIA ALMEDINA ARCO DE ALMEDINA, 15 TELEF.239 851900 FAX. 239 851901 3004-509 COIMBRA – PORTUGAL livraria@almedina.net

LIVRARIA ALMEDINA
ARRÁBIDA SHOPPING, LOJA 158
PRACETA HENRIQUE MOREIRA
AFURADA
4400-475 V. N. GAIA – PORTUGAL
arrabida@almedina.net

LIVRARIA ALMEDINA – PORTO
R. DE CEUTA, 79
TELEF. 22 2059773
FAX. 22 2039497
4050-191 PORTO – PORTUGAL
porto@almedina.net

EDIÇÕES GLOBO, LDA.
RUA S. FILIPE NERY, 37-A (AO RATO)
TELEF. 21 3857619
FAX: 21 3844661
1250-225 LISBOA – PORTUGAL
globo@almedina.net

LIVRARIA ALMEDINA
ATRIUM SALDANHA
LOJAS 71 A 74
PRAÇA DUQUE DE SALDANHA, 1
TELEF. 21 3712690
atrium@almedina.net

LIVRARIA ALMEDINA – BRAGA
CAMPUS DE GUALTAR
UNIVERSIDADE DO MINHO
4700-320 BRAGA
TELEF. 253 678 822
braga@almedina.net

EXECUÇÃO GRÁFICA:	G.C. – GRÁFICA DE COIMBRA, LDA. PALHEIRA – ASSAFARGE 3001-453 COIMBRA Email: producao@graficadecoimbra.pt
	MARÇO, 2004
DEPÓSITO LEGAL:	207176/04

Toda a reprodução desta obra, seja por fotocópia ou outro qualquer processo, sem prévia autorização escrita do Editor, é ilícita e passível de procedimento judicial contra o infractor

Índice

I
Introdução
Autonomia local, descentralização financeira
e recurso ao crédito pelos municípios

1. Introdução: os municípios como objecto de análise 1
2. Autonomia local e descentralização financeira 3
3. A necessidade de diversificar as formas tradicionais de financiamento municipal: as obrigações como solução dentro do mercado de capitais ... 16
   3.1. As obrigações — características essenciais e aproximação conceptual ao mercado de capitais 22

II
O direito comparado
O *municipal securities market*
dos Estados Unidos da América em especial

1. O *municipal bond market* norte-americano **27**
   1.1. O sistema jurídico-constitucional e administrativo dos EUA 29
       a) Organização administrativa do território 29
       b) As bases constitucionais (estaduais) da autonomia financeira local e os limites ao endividamento das entidades locais 34
   1.2. As emissões obrigacionistas e a dinâmica do mercado 42
       a) A emissão de títulos — categorias e características 42
       b) A dinâmica do mercado 46
       c) Especificidades do sistema 48

2. Os *emprunts obligataires* da França **53**
   2.1. Autonomia local e descentralização no sistema constitucional francês 53

VI   *Obrigações Municipais*

a) A Constituição de 1958 53

b) A lei constitucional n.º 2003 – 276, relativa à *"organisation décentralisée de la République»* 55

2.2. Organização administrativa do território............................ 58

2.3. Os *emprunts obligataires* no quadro do financiamento local 62

3. O financiamento municipal na Alemanha: as *Pfandbriefs* 65

3.1. O sistema constitucional germânico e a autonomia local 65

3.2. Organização administrativa do território............................ 66

3.3. O financiamento municipal — as *Pfandbrief* como especificidade do sistema alemão.. 68

4. O *Global Program on Capital Markets Development at the Subnational Level* do Banco Mundial: os países da América Latina e da Europa de Leste – Breve Referência 71

III
O mercado obrigacionista municipal em Portugal

1. Perspectiva estática 75

1.1. Como é que os mercados obrigacionistas municipais se desenvolvem?.. 75

1.2. Como é que podem complementar o financiamento local, baseado nas receitas tributárias e nas transferências estaduais? — A questão dos limites à capacidade de endividamento municipal 82

1.3. Como é que as obrigações municipais se perfilam face ao endividamento junto da banca privada? — vantagens e desvantagens da desintermediação 89

2. Perspectiva dinâmica 91

2.1. Processo de emissão 91

2.1.1. A fase pública do processo de emissão de obrigações municipais 93

a) A autorização da Assembleia da República 93

b) O pedido de autorização para contracção de empréstimos obrigacionistas e a aprovação da assembleia municipal 95

c) A intervenção do Instituto de Gestão do Crédito Público 96

d) A intervenção do Tribunal de Contas 97

2.1.2.	A fase privada da emissão de títulos de dívida munici-pal: os métodos de colocação e negociação — o mercado primário e secundário	99

2.2. O *rating* dos municípios: a questão das associações de muni-cípios como resposta ao baixo *rating* de alguns municípios e à ausência de regiões administrativas 101

2.3. Decisões de investimento 107

a) Avaliação das obrigações 107

b) Isenções Fiscais 108

c) Tipo de investimentos financiados 110

IV
Breves Conclusões

Bibliografia 111

Prefácio

É com gosto que aceito o convite da Dr.ª Marta Rebelo para apresentar este excelente estudo, nascido num seminário de Direito Financeiro por mim regido na Faculdade de Direito de Lisboa. O convite constitui uma atenção que agradeço, sublinhando que à autora cabe todo o mérito da obra, que é muito. A escola valoriza o mérito pessoal, não o suprime, substitui ou desvaloriza.

1. Em geral, aos bons livros basta um prefácio de autor. Neste, porém, cumulam-se as duas principais excepções à regra prática: a juventude da autora e a novidade do tema. Qualidades ambas, não defeitos. Uma e outra justificam uma chamada de atenção, neste tempo em que o excesso de informação gera riscos de falta de recepção ou de indiferença à mensagem.

Muito há a esperar da Dr.ª Marta Rebelo. Jovem mestranda, numa Escola em que os mestrados são mais exigentes do que a maior parte dos doutoramentos portugueses (e não só...), o tempo o confirmará. Mas esta obra constituí já uma excelente prova.

Quanto à monografia, quer o seu tema quer o conteúdo, tratados com solidez informativa têm a maior actualidade teórica. Em Portugal, são também de grande alcance prático, na perspectiva de um enquadramento mais responsável e mais moderno das finanças municipais, cujo reforço é imposto pelo cumprimento da Constituição — base mínima de qualquer Estado de Direito —, pela democracia — que não existe sem forte democracia local — e por uma gestão autárquica eficiente, responsável e cumpridora das exigências da disciplina financeira (europeia, nacional e de *accountability* perante o povo, que o poder local deve servir). Desenvolverei estes dois pontos de seguida.

X   *Obrigações Municipais*

2. Além de revelar as qualidades da autora, esta obra é um exemplo de boa prática científica e formativa. Permito-me sublinhar que as qualidades da autora exercitam, no campo do Direito Financeiro, muito do que de melhor a escola de Lisboa de Finanças Públicas e Direito Financeiro tem posto ao serviço da ciência jurídico-económica e do bem comum em Portugal, desde o seu fundador, que também foi fundador da Faculdade, o Doutor Afonso Costa ("o único ministro da república que conseguiu apresentar equilibradas as contas do Estado" — cito Salazar, que disso sabia muito), até Fernando Emygdio da Silva, Albino Vieira da Rocha, Rui Ulrich, Armindo Monteiro e João Lumbrales, para citar apenas os que já faleceram. Além de uma profunda interligação entre o saber teórico e as várias dimensões da vida da Cidade (pública, profissional, empresarial) — valor de sempre da Universidade, desde que não haja confusão entre o saber e o fazer, o jardim da Academia e a Ágora política ou mercantil —, a articulação entre o saber dos juristas e a contribuição das outras ciências sociais relevantes (nomeadamente a contabilidade e a economia) constituem alguns dos seus caracteres decisivos.

Não podiam ser eles mais actuais, num tempo de rápida mudança, em que a formação universitária dos juristas e o seu multímodo exercício profissional é marcado por características bem claras: sólida formação básica num saber milenar, cujo método tem uma unidade fundamental, aplicável à pluralidade de objectos, que é, afinal, a totalidade da vida humana regulável pela norma de Direito; especialização crescente dos saberes e dos fazeres; interdisciplinaridade e multidisciplinaridade crescentes, para que o jurista seja um regulador social útil e não um perturbador social; enquadramento cultural exigente; e apelo a uma formação pós-graduada, de que as Faculdades de Direito de Lisboa e Coimbra foram percursoras na Universidade Portuguesa (com os "cursos complementares" da reforma de 1945), a qual hoje se desenvolve nas formações de carreira e permanente...

As nossas Faculdades de Direito não se propuseram formar economistas, mas apenas jus-economistas com sólida formação cultural e social, na qual há-de avultar a mais antiga das "ciências

Prefácio XI

sociais modernas" a seguir ao Direito — a Economia (omitindo a Medicina e outras ciências humanas, como a História). A Economia é uma ciência social autónoma, que exige a aquisição de um saber específico — diferente do jurídico, mas que se casa bem com ele —, como o demonstram no nosso tempo economistas de base jurídica tão inquestionáveis como Joseph Schumpeter ou Robert Musgrave, ou até outros com aptidões matemáticas mais desenvolvidas (basta evocar León Walras ou, no Portugal do século XX, nomes como os do Doutor António Horta Osório ou do Doutor Jorge Braga de Macedo, para não falar dos que ensinam em cursos de Direito). E, como disse o eminente clássico jurista Francesco Carnelutti, "quanto mais economia, mais direito". Ora, em Lisboa como em Coimbra — com orientações diversas que não importa aprofundar — sempre se procurou formar juristas que, nomeadamente no domínio económico, não fossem "leguleios" palavrosos, formais e alheios à realidade social, inspiradores, intérpretes ou aplicadores de leis que complicam a vida social ou dela se divorciam, gerando custos sociais injustificados e ineficientes ou tendo uma generalizada inefectividade, quase anómica.

Tivessem certos processualistas e judicialistas feito o mesmo e as responsabilidades da Universidade na crise da Justiça não seriam tão pesadas. Houvesse a formação de alguns penalistas casados mais com a criminologia e talvez muitas questões sobre crimes e penas, hoje na ordem do dia, não caíssem tão pesadamente sobre os ombros da Universidade. E o mesmo diria de áreas de crise no Direito Económico e no Direito Comercial.

Mas a sociedade também tem amplas — e muitas — responsabilidades, quando o peso dos interesses e a propositada usurpação do papel do legislador por burocracias inesperadas leva, por exemplo, a "contra-reformas fiscais", como aquela de que se queixou o Prof. Teixeira Ribeiro, ou — ainda mais — a descaracterização instável que atingiu, logo após a sua instauração, o excelente projecto de reforma dos impostos directos que levou à criação do IRS e do IRC, com base no competente estudo e reflexão do Prof. Paulo de Pitta e Cunha e dos seus colaboradores.

Em resumo, pois: eis um bom exemplo de como se pode fazer Direito — científico neste caso — em consonância substancial com a realidade social, em vez dos formalismos estéreis e nocivos que por tanto lado abundam. E também um aviso para que a imposta adopção do modelo de Bolonha — mais inspirado pela eficiência económica numa sociedade massificada do que por necessidades de cultura, investigação científica e reflexão fundamental, que ele não contempla integralmente e que sobre ele haverá que construir com ousadia e lucidez — não leve à superficialidade de formações breves ou ao formalismo estéril (e prejudicial) de formações jurídicas sem enquadramento cultural (histórico, sobretudo) ou social (sobretudo económico). Já basta o que basta. Não pioremos mais, inspiremo-nos nos bons modelos. Aqui está um fruto deles...

3. Quanto ao seu *tema* e *conteúdo*, difícil era que ambos fossem mais actuais, certeiros e úteis.

Vejamos porquê.

O poder local vive, actualmente, uma das situações mais difíceis da sua história no período democrático, conciliando-se um conjunto de factores susceptíveis de colocar em causa a eficiência da gestão autárquica. Do ponto de vista político, assiste-se a uma paralisação do movimento de descentralização e, paralelamente, a uma quase total falta de instrumentos legais enquadrantes da gestão e controlo da actividade. Por outro lado, do ponto de vista financeiro, os constrangimentos são mais do que evidentes: as tendências do lado das despesas e as tendências do lado das receitas colocam em crise a própria independência orçamental das autarquias.

Ora, o princípio da descentralização implica no plano financeiro duas necessidades e uma condicionante. Em primeiro lugar, a necessidade de uma mais ampla devolução de atribuições e funções aos municípios, de forma isolada ou de forma associativa (como se pretende com as recentes modalidades propostas), tanto mais quanto as regiões administrativas constitucionalmente previstas não existem, jogando-se a organização administrativa entre os municípios e o Estado, dada a pouca relevância das freguesias — devolução que, a experiência revela, tem sido frequentemente recusada pelos municípios, por significar um aumento de despesa obrigatória e de responsabilidade. Em segundo lugar, é patente a necessidade de relançar a proximidade aos cidadãos de sectores chave da satisfação social, como a educação e a saúde — implicando tal relançamento mais despesa, terá de haver ou mais receita com equilíbrio, ou mais receita corrente/ordinária e mais défice (com recurso a receitas de capital ou extraordinárias). A condicionante surge por força do constrangimento da estabilidade auto-imposta e hetero-imposta (pela União Europeia e pela moeda única).

No entanto, a leitura da realidade revela-nos uma estrutura de financiamento esgotada, após a Lei n.º 1/79 e com a repetição do seu modelo em mais três Leis das Finanças Locais.

No lado da despesa, verifica-se um aumento do gasto autárquico proveniente do aumento da dimensão dos corpos administrativos das autarquias, resultado da admissão — necessária — de colaboradores verificado nos últimos anos; a rigidez das despesas operacionais é visível, tendo em conta o enorme esforço de investimento realizado nos últimos anos na criação de infra-estruturas públicas que agora necessitam de manutenção; verificou-se, de igual forma, um natural aumento de exigência de qualidade por parte dos munícipes quanto à prestação de serviços pelos municípios; e, finalmente, a redução futura do investimento público por parte da Administração Central irá necessariamente ser compensada por investimento autárquico, aliás já relativamente intenso.

Quer a despesa estacione quer renda, como decorre da descentralização e da proximidade, a aumentar, os constrangimentos ao nível da receita são, hoje e a médio prazo, o principal problema das autarquias, *maxime* dos municípios, dado o esgotamento do modelo tradicional de financiamento, a redução significativa da taxa de crescimento dos impostos locais — agravada com a indefinição e insuficiência da reforma deste tipo de impostos que restringe, mais ainda, os frutos da sua gestão — combinada com a limitação da possibilidade de endividamento por via da Lei da Estabilidade Orçamental (Lei Orgânica n.º 2/2002) e a redução das transferências provenientes do Orçamento do Estado, tendo em consideração a derrogação aos princípios estatuídos na Lei das Finanças Locais em diversos orçamentos.

A expansibilidade das tradicionais fontes de receita municipal é extremamente limitada. Neste quadro, apenas as receitas de base patrimonial demonstram, ainda, alguma capacidade de dilatação: as taxas, por um lado; as tarifas, por outro; e a utilização do património mobiliário, na titularidade de empresas municipais e intermunicipais — que, todavia, a experiência tem revelado serem mais causadoras de prejuízos que de ganhos.

A remodelação das políticas de taxação gerará um inevitável aumento das receitas próprias. Mas o cenário traçado obriga os municípios a explorar, num movimento paralelo, as várias formas de endividamento, ultrapassando o sistema actual estruturado sobre o recurso directo ao sistema bancário, que, pelo irrealismo das avaliações, pode gerar situações de endividamento estrutural sem possibilidade de retorno. Aos municípios está também aberto o recurso a formas mais programadas e racionais de endividamento, com a incorporação no princípio da estabilidade da regra de ouro *endividamento para investimento* — quer para investimento reprodutivo, quer para investimento apenas indirectamente reprodutivo.

Assim, este é o momento para proceder a uma reavaliação das formas de financiamento, tornando as fontes racionalmente ajustadas à natureza das suas aplicações — diversificando fontes de financiamento e ajustando os recursos aos investimentos a realizar. Apesar da estrutura arcaica do nosso financiamento autárquico, encontram-se nele algumas excepções que confirmam a regra, como este trabalho demonstra, abrindo sobretudo portas para o futuro.

O recurso ao mercado de capitais é uma forma de financiamento acessível a autarquias bem estruturadas e com gestão de qualidade — de outra forma, sairia prejudicado o próprio *rating* da República. Será um recurso disciplinador do endividamento, até hoje pouco controlado, pouco ajustado ao mercado e nem sempre responsável; e pode ser uma boa forma de obter recursos, racionalizando a gestão por uma referência ao mercado, não só de autarquias que não sejam minúsculas nem sobreendividadas, como de associações de autarquias — como as que, por um processo que suscita muitas dúvidas, mas ao menos suprime as lacunas de escalão intermédio, aprovado após os sucessivos fracassos da regionalização, tão necessária se fosse bem feita — agora vão ocorrendo. É de esperar, pela dimensão e pela qualidade de gestão, que estas associações, como as maiores e melhor geridas das autarquias municipais, tenham mais presente esta alternativa, que até poderá ser mais barata e eficiente do que as formas de financiamento em vias de esgotamento.

4. O tema desta obra apela, assim, a um momento de racionalização ulterior, que torna particularmente importante o estudo comparativo dos sistemas de financiamento autárquico, já que entre nós só pontualmente encontramos situações de recurso ao mercado de capitais, de que a autora nos dá notícia, ao invés do que sucede em países mais descentralizados e com estruturas mais evoluídas de mercado de capitais.

Por todas estas razões, a presente obra não poderia ser mais oportuna: a estrutura de financiamento e a sua reforma no médio prazo são, hoje, as questões fundamentais. E, no seu âmbito, só um endividamento racional serve uma estrutura de financiamento reformada; e um dos factores maiores da sua racionalidade é, sem dúvida, o recurso ao mercado de capitais, que se revela credibilizador: conduz ao desenvolvimento de uma procura orientada por um *rating* credível, exigindo aos órgãos municipais um maior controlo, responsabilidade e qualidade na gestão municipal.

Lisboa, 30 de Janeiro de 2004

ANTÓNIO L. DE SOUSA FRANCO

Nota introdutória

O estudo que agora se publica corresponde, no essencial, ao relatório apresentado no seminário de Direito Financeiro do Curso de Mestrado, na Faculdade de Direito de Lisboa, em 2003, sob orientação do Senhor Professor António Sousa Franco.

O tema que serve de mote a esta investigação morosa, complexa mas sem dúvida aliciante e gratificante, está actualmente, e pelas piores razões, no centro da arena política e jurídica. O nosso esquema de financiamento municipal encontra-se estrangulado pela expansão crescente das despesas e pela retracção constante das receitas.

A situação não será, porventura, de hoje. Talvez possamos dizer que o Pacto de Estabilidade e Crescimento e a Lei da estabilidade orçamental — a Lei Orgânica n.º 2/2002, de 28 de Agosto — ao estabelecer limites à capacidade de endividamento dos municípios chamou-nos a assumir uma realidade cujo substracto de há muito tínhamos consciência.

Neste sentido, vários esforços foram desenvolvidos, sem lograrem alcançar uma alteração estrutural profunda. Os interesses antagónicos que se altercam em matéria de finanças locais impossibilitam mais do que a introdução de mudanças pontuais, conjunturais.

Este rol de preocupações não é exclusivo nacional. Tal como a procura de alternativas no mercado de capitais não se revela solução original. De facto, existem desde há muito mercados financeiros municipais com grande vigor e liquidez — *maxime* o mercado norte-americano. Nos anos noventa desenvolveram-se esforços europeus no sentido de diversificar as fontes de financiamento local por recurso a emissões obrigacionistas. Por outro lado, o projecto da União Económica e Monetária significou a chamada das autarquias locais ao universo concorrencial, com o fim de linhas de crédito bonificado, as exigências de contenção da despesas e de transparência na gestão, e as regras da contratação pública.

No âmbito da preparação deste texto, resultado de uma investigação estimulante que proporcionou muitas leituras além-fronteiras, encontramos, em Philippe Laurent, consultor autárquico francês, uma interessantíssima e breve cronologia que sintetiza a evolução das finanças locais francesas nos últimos vinte anos. Uma vez que a lei da descentralização francesa de 1982 acaba por coincidir sensivelmente com a introdução do sistema democrático no nosso país, e consequente consagração da autonomia local como garantia constitucional no Texto Fundamental de 1976, o paralelismo temporal é notório (com um ligeiro desfasamento, a nosso desfavor).

Assim, no final dos anos 70, a função financeira nas autarquias locais caracterizava-se por uma forte tecnicidade contabilística. A distinção entre recursos definitivos e recursos de empréstimo era absolutamente ignorada — o equilíbrio real do orçamento fundava-se, então, no princípio segundo o qual, nas palavras do autor, *"on n'empruntait pas pour rembourser la dette"*.

A realidade financeira, jurídica e económica mudou profundamente nos anos 80, deslocando as autarquias para o "novo" universo da concorrência. Tornou-se notória a insuficiente cultura financeira do sector público local.

Nos anos 90 a evolução assume um ritmo (ainda) mais acelerado, e torna-se cada vez mais patente a essencialidade da transparência na gestão pública local — assiste-se ao nascimento da "comunicação financeira". O desenvolvimento — ainda muito limitado, é certo — do *rating* ou notação financeira das autarquias serve de ilustração a esta nova realidade. Em paralelo, o desenvolvimento de parcerias público-privadas e a renovação dos métodos de fiscalização e controlo das concessões de serviço público tornaram claro o interesse em dispor, no seio dos serviços autárquicos, de pessoas e métodos efectivamente competentes em matéria de gestão, de finanças, de contabilidade, seguindo critérios de eficiência e racionalidade típicos do sector privado.

Nota introdutória XIX

O novo milénio trouxe consigo dois novos pólos de complexidade gestionária: o associativismo entre autarquias, com o inerente corolário de relacionamento financeiro entre estas, e a multiplicação e densificação de tarefas técnicas. São mudanças contemporâneas que reclamam a definição de estratégias financeiras e a profissionalização ou profissionalismo crescente dos dirigentes (financeiros) das autarquias, e dos seus colaboradores.

Philippe Laurent conclui que *"l'ouverture de la gestion publique locale sur le monde économique, sa confrontation à la concurrence et au risque, les tensions budgétaires qu'elle connaît, le besoin de transparence qu'expriment ses mandants, l'évolution du contexte juridique et financier dans lequel elle évolue: autant de raisons qui ont conduit à une mutation profonde de la fonction financière. Ainsi le rôle de la direction financière a-t-il progressivement évolué de la simple constatation des choses et de leur analyse, vers une anticipation des événements et une appréciation des risques. Cette évolution est particulièrement claire en matière de dette et de fiscalité"*[1].

Este cenário levou-nos a procurar nas experiências do Direito comparado soluções de mercado para o financiamento municipal e modelos específicos importáveis, tendo como objectivo magno a arquitectura de um mercado de obrigações municipais em Portugal, dinâmico, gerador de liquidez, uma verdadeira fonte (diversificada e complementar) de recursos financeiros para os municípios e simultaneamente promotor de uma maior eficácia e transparência na gestão dos dinheiros públicos.

Este estudo encontra-se estruturado em três partes distintas. A primeira parte aborda essencialmente a questão da autonomia local, analisada sobre o ponto de vista constitucional. De igual

---

[1] "Fonction financière: une profonde mutation", *Revue Française de Finances Publiques, Vingt ans de finances locales: enjeux pour l'avenir*, n.º 81, Mars 2003, pág. (129-) 132.

forma, analisa-se nesta primeira parte o conteúdo da autonomia financeira, com destaque para a autonomia creditícia, *in concreto*, dos municípios. Desta análise, intermediada pelas limitações comunitárias e nacionais ao endividamento municipal, baseadas no já famoso PEC, retiramos a necessidade de criar alternativas às tradicionais formas de financiamento municipal. Entram, então, as obrigações municipais.

Na segunda parte, propomo-nos a percorrer os sistemas de financiamento obrigacionista ou mobiliário do direito comparado. O sistema norte-americano destaca-se claramente, não só pela antiguidade mas sobretudo pelo dinamismo e liquidez gerada pelo *municipal securities market*, que faz das *municipal bonds* a principal fonte de financiamento dos governos locais dos Estados Unidos da América.

Por fim, na terceira parte deste estudo, é analisada a implementação e desenvolvimento do mercado obrigacionista municipal em Portugal.

Desta forma, esperamos que a leitura deste estudo resulte igualmente interessante para o leitor. Explicitado o (per)curso desta investigação, presta-se homenagem a todos quantos nos ofereceram orientação e apoio ao longo de meses de estudo e consequente perda de capacidade temporal para dar resposta a outras vertentes da vida.

Ao Senhor Professor António Sousa Franco, pela presença constante ao longo desse período, pela orientação, pelas palavras de estímulo que se prolongam até aos dias de hoje, prestamos aqui homenagem, certos de que nunca agradeceremos o bastante perante este processo contínuo de aprendizagem.

Ao Senhor Professor Eduardo Paz Ferreira é devido igual agradecimento pelo estímulo, pela confiança que sempre demonstra na nossa capacidade de levar até ao fim estas longas empreitadas académicas.

Um agradecimento sentido ao Dr. Sérgio Gonçalves do Cabo, nosso patrono e colega, pela sugestão e aproximação ao tema. Apesar de nestas páginas se encontrarem, das mais variadas formas, tantos contributos merecedores de agradecimento, sem tal incitamento esta investigação não teria conhecido este desfecho.

Por fim, mas também em primeiro lugar, esta nota introdutória não poderia conhecer conclusão sem antes referir o Dr. Carlos Lobo, amigo de sempre e primeiro responsável pela nossa abordagem académica e profissional das matérias económico-financeiras do Direito.

Ao Pedro apenas poderemos agradecer ao longo da vida, sem esperança de alguma vez conseguirmos oferecer-lhe a retribuição merecida. À Angela Ferreira, melhor amiga de sempre, bem como à família, fica a imensa gratidão por serem, para nós, quem são. Àqueles a quem aqui não se apresentam agradecimentos expressos, por favor, revejam-se no resultado de um enorme esforço.

Ao Pedro...
Aos meus avós e aos meus pais.

I
Introdução
Autonomia local, descentralização financeira
e recurso ao crédito pelos municípios

> *"There is a fundamental dilemma in local government — of balancing the political advantages of autonomy against the economies of large administrative units and the social benefits of uniform standards of social services".*
>
> Ursula Hicks

1. Introdução: os municípios como objecto de análise

O estudo que ora se apresenta gravita em torno do município, do financiamento municipal e, se quisermos aproximar-nos definitivamente da temática que nos ocupa, do financiamento municipal no mercado de capitais.

De facto, e nos termos do artigo 236.º, n.º 1, da Constituição da República Portuguesa (CRP), no território continental as autarquias locais são as freguesias, os municípios e as regiões administrativas, entendendo-se por autarquias locais *"os centros autónomos de decisão administrativa representativos dos cidadãos que vivem numa determinada circunscrição administrativa do Estado"*[2].

---

[2] António L. Sousa Franco, *Finanças do Sector Público, Introdução aos Subsectores Institucionais (Aditamento de Actualização)*, AAFDL, Reimpressão, 2003, pág. 537-538.

A estas últimas não faria sentido dedicar a nossa investigação uma vez que, pese embora previstas na Constituição, carecem de instituição no plano concreto da divisão administrativa do território. Ou seja, existentes de direito, persiste a sua inexistência de facto. Assim, enquanto as regiões administrativas não estiverem concretamente instituídas, subsistirá a divisão distrital no espaço por elas não abrangido, ou seja, os distritos, segundo o disposto no artigo 291.º da Constituição. Às regiões voltaremos na terceira parte deste estudo, como objecto indirecto de análise.

As freguesias, também elas habilitadas legalmente a emitir empréstimos obrigacionistas, têm pouca capacidade de investimento público directo e, consequentemente, as mais valias da emissão de títulos de dívida por parte destas autarquias seriam consideravelmente menores quando comparadas com as potencialidades de emissões municipais. Ademais, e apesar da Lei da estabilidade orçamental conferir à lei do orçamento mandato para redefinir os limites à capacidade de endividamento das freguesias, o Orçamento para 2003 apenas limitou o endividamento municipal, consciente, talvez, da pouca expressão da dívida das freguesias e dos seus efeitos nefastos sobre o défice e as contas públicas.

Por fim, as demais formas de organização territorial autárquica a que o artigo 236.º, n.º 3, do Texto Constitucional alude, *maxime* as associações de municípios, hoje comunidades intermunicipais, receberão também a nossa atenção, confrontando-as, no plano financeiro, com as regiões administrativas.

Assim, e pelas razões que desta sucinta abertura decorrem já, o nosso objecto de estudo serão os municípios, uma vez que *"entre nós, a autarquia local mais importante — também no domínio financeiro — tem sido historicamente o concelho, município em sentido restrito lhe chama a Constituição, e nisso se nos impõe"*[3].

---

[3] *Idem...*

2. Autonomia local e descentralização financeira

A autonomia local, enquanto conceito e realidade, tem por base a noção de descentralização, pedra angular do nosso sistema político e organizatório. A autonomia local será, nas palavras de Gomes Canotilho e Vital Moreira *"um dos princípios constitucionais fundamentais em matéria de organização descentralizada do Estado"*[4].

Enquanto elemento inerente à organização democrática do Estado, a autonomia local conhece inúmeras delimitações conceptuais. Ao conceito clássico — que *"impunha os seguintes requisitos: serem as autarquias locais dotadas de personalidade jurídica e possuírem órgãos eleitos pela comunidade local respectiva; disporem de um amplo leque de atribuições relativas aos assuntos próprios da comunidade local; disporem de meios financeiros e técnicos, bem como de pessoal adequado à satisfação das suas necessidades; estarem sujeitos ao controlo limitado, fundamentalmente de legalidade"*[5], — contrapõem-se hoje concepções restritivas, como a de Joaquín Garcia Morillo, que reconduz a autonomia local, tal como plasmada na Constituição espanhola, à figura da garantia institucional[6].

Porque nos movemos, então, em terreno conceptualmente pouco escorreito, detenhamo-nos no artigo 3.º, n.º 1, da Carta Europeia de Autonomia Local, tratado internacional assinado pelos Estados--membros do Conselho da Europa em 1985[7]:

*"Entende-se por autonomia local o direito e a capacidade **efectiva** de as autarquias locais regulamentarem e gerirem,*

---

[4] *Constituição Anotada*, 3.ª Edição Revista, Coimbra Editora, 1993, pág. 881.

[5] Nazaré Costa Cabral, *O Recurso ao Crédito Nas Autarquias Locais Portuguesas*, Lisboa, AAFDL, 2003, pág. 11.

[6] *La Configuración Constitucional de la Autonomía Local*, Marcial Pons, Madrid, 1998.

[7] Portugal assinou a Carta Europeia de Autonomia Local a 15 de Outubro de 1985, tendo a Assembleia da República aprovado este instrumento de direito

nos termos da lei, sob sua responsabilidade e no interesse das respectivas populações, uma parte importante dos assuntos públicos".

O âmbito deste conceito assim definido é depois traçado no artigo 4.º, n.º 3, onde se dispõe que *"regra geral, o exercício das responsabilidades públicas deve incumbir, de preferência, às autoridades mais próximas dos cidadãos"* e que *"a atribuição de uma responsabilidade a uma outra autoridade deve ter em conta a amplitude e a natureza da tarefa e exigências de eficácia e economia".* O âmbito da autonomia local deve encontrar na Constituição, preferencialmente, o seu fundamento e contornos[8].

É essa a situação no nosso ordenamento jurídico-constitucional. A CRP reconhece logo nos primeiros preceitos, e depois, no artigo 235.º, a autonomia local como vértice fundamental da organização democrática do Estado.

O leque de atribuições (por vezes mediado pela subsidiariedade interna ou *"administrativa"*[9]), a estrutura organizativa, o regime das finanças locais, o quadro de pessoal, a tutela administrativa (de legalidade) exercida sobre as autarquias, são aspectos que, no

---

internacional público, para ratificação, através da Resolução n.º 28/90, de 13 de Julho, e o Presidente da República ratificado através do Decreto n.º 58/90, de 23 de Outubro. Por trás da aprovação desta convenção internacional esteve, sobretudo, a vontade de *"as associações internacionais dos representantes eleitos das autarquias locais verem reconhecidas, num jurídico internacional, as regras fundamentais que asseguram a independência política, administrativa e financeira das instituições que os seus membros personificam"* (Mário Rui Martins, *As Autarquias Locais na União Europeia*, Edições Asa, 2001, pág. 12), tendo o Conselho da Europa fornecido o enquadramento institucional adequado a tal desiderato, através do Congresso dos Poderes Locais e Regionais da Europa (CPLRE), órgão representativo das autarquias locais, criado em 1957.

[8] Dispõe o artigo 2.º que *"o princípio da autonomia local deve ser reconhecido pela legislação interna e, tanto quanto possível, pela Constituição".*

[9] Sobre a subsidiariedade interna ou *subsidiariedade administrativa*, Margarida Salema d´Oliveira Martins, *O Princípio da Subsidiariedade em Perspectiva Jurídico-Política*, Coimbra Editora, 2003, pág. 443 e seg.

essencial, se reconduzem aos requisitos da autonomia local na sua acepção clássica, e que conhecem uma densificação constitucional suficiente para que se possa falar, de facto, de uma garantia constitucional, que juntamente com a consagração da autonomia como limite material da revisão constitucional [artigo 288.º, al. n)], seriam defesa bastante perante avanços de um legislador com pendor centralizador.

Assim definidas as fronteiras da autonomia local tal como pensada e constitucionalmente consagrada entre nós, não podemos deixar de atender a uma interligação basilar da sistemática constitucional e estrutural do nosso sistema autárquico: o conteúdo essencial da autonomia local, tal como acima o definimos, é baseado num outro princípio fundamental da arquitectura da nossa Constituição e ao qual, em última análise, se poderá reconduzir a própria ideia de autonomia — a descentralização.

Como salienta Sérvulo Correia *"em termos jurídicos, a descentralização significa o reconhecimento pelo Estado do direito das populações que integram os diversos tipos de comunidades locais e regionais de se organizarem em pessoas colectivas públicas de população e território dotadas de órgãos representativos que prosseguem com autonomia os interesses próprios dessas comunidades"*[10].

Defende o autor que *"a descentralização só atinge o seu pleno significado se utilizada ao serviço não só da participação mas também da autonomia, que se materializa na inexistência de um poder de direcção do Estado sobre os entes descentralizados (...) Este é o entendimento incito na Constituição de 1976, cujo artigo 6.º, n.º 1, coloca lado a lado a autonomia das autarquias locais e a descentralização democrática da Administração Pública como princípios que o Estado deve respeitar. A Constituição emprega também a expressão "poder local", que parece subtender a faculdade originária de auto-organização e auto-administração das*

---

[10] J. M. Sérvulo Correia, *Noções de Direito Administrativo*, Volume I, Editora Danúbio, Lisboa, 1982, pág. 126.

populações locais no que concerne à prossecução dos seus interesses próprios"[11].

Jean Rivero e Jean Waline[12] extraem duas consequências essenciais da aplicação do conceito de descentralização no plano autárquico. Por um lado, a distinção entre necessidades de interesse geral da população, ou seja, de interesse do todo populacional, e necessidades específicas de uma dada colectividade, como ponto essencial para a destrinça entre atribuições do Estado (da Administração Central) e atribuições das autarquias locais.

Por outro lado, a descentralização significará aqui, inevitavelmente, a personificação jurídica das colectividades, dotando-as de autonomia financeira, ou seja, de recursos financeiros suficientes para dar cobertura às despesas decorrentes das suas atribuições, das necessidades específicas daquela população.

Do mesmo modo, Sérvulo Correia aponta como processos descentralizadores a personalidade jurídica e a autonomia, alertando, com Baptista Machado[13], para o facto de que, para além do conteúdo técnico destes conceitos, *maxime* do conceito de autonomia, *"é necessário ter presente que* esta *(a autonomia das autarquias locais) não é uma criação do Estado, mas antes algo que lhe é imposto"*[14].

Das várias configurações ou espécies de autonomia, as autarquias locais são dotadas de autonomia de orientação — o que *"significa que, no quadro das leis vigentes, os objectivos da pessoa colectiva e as suas grandes linhas de orientação são determinados por órgãos representativos da população que para o efeito apreciam livremente os respectivos interesses"* (cfr. artigo 235.º, da CRP) — de autonomia administrativa — *"o poder conferido aos órgãos de uma pessoa colectiva pública de praticar actos administrativos"*

---

[11] *Idem...*, pág. 126/127.
[12] *Droit Administratif*, 14ª Edition, Paris, Dalloz, 1992, pág. 267.
[13] Baptista Machado, *Participação e Descentralização*, Coimbra, 1978.
[14] *Noções...* Ob. cit., pág. 128.

(cfr. artigo 237.º) — e de autonomia financeira — "*a titularidade de receitas próprias aplicáveis livremente segundo orçamento privativo às despesas ordenadas por exclusiva autoridade dos órgãos da pessoa colectiva*" (cfr. artigo 238.º)[15]. A autonomia política, instrumento de descentralização política, vai encontrar-se apenas no plano regional, estando reservada às regiões autónomas da Madeira e dos Açores, e sendo-lhe inerente a ideia de autogoverno regional, apontada por Gomes Canotilho[16].

É precisamente a **autonomia financeira**, enquanto consequência da descentralização financeira, o conceito-base da análise a que nos propomos. De forma muito genérica, aquele conceito traduz a liberdade e âmbito dos poderes financeiros das autarquias locais, a medida dessa liberdade.

De facto, como salientou Alexander Hamilton em 1787, "*o dinheiro é considerado, muito correctamente, como o princípio vital do organismo público; como aquilo que sustenta a sua vida e movimento e o capacita para executar as suas funções mais essenciais. Portanto, um poder integral para obter um suprimento regular e adequado de dinheiro, na medida em que o permitam os recursos da comunidade, pode ser visto como um ingrediente indispensável de qualquer Constituição*"[17].

Para Sousa Franco, o primeiro perímetro de delimitação desta *liberdade financeira* faz-se por "*contraposição com a soberania financeira (...) que configura a presente estrutura política e da ordem internacional, mas é apenas atributo* ab origine *do Estado.*

---

[15] *Idem...*, pág. 193/194.

[16] *Direito Constitucional e Teoria da Constituição*, 6.ª Edição, Almedina, 2003, pág. 358.

[17] "O Federalista n.º 30, Acerca do Poder Geral de Tributação", Alexander Hamilton, James Madison, John Jay, *O Federalista*, Tradução, Introdução e notas de Viriato Soromenho-Marques e João C. S. Duarte, Edições Colibri, Universalia, Série Ideias, 2003, pág. 193.

*A autonomia financeira é, pois, um atributo dos poderes finan-
ceiros das entidades infra-estaduais, relativamente ao Estado*"[18].
Num segundo momento, podemos analisar as modalidades da
autonomia financeira quanto à matéria, ou seja, por relação com as
principais áreas de actividade público-financeira. Assim, e seguindo
mais uma vez Sousa Franco, encontramos quatro modalidades de
autonomia financeira quanto à matéria: (1) a autonomia patrimonial, *"o poder de ter património próprio e/ou tomar decisões
relativas ao património público no âmbito da lei"*; (2) a autonomia
orçamental, *"o poder de ter orçamento próprio, gerindo as correspondentes despesas e receitas (isto é, decidindo em relação a
elas)"*; (3) a autonomia de tesouraria, *"o poder de gerir autonoma-
mente os recursos monetários próprios, em execução ou não do
orçamento"*; e, finalmente (4) a autonomia creditícia, que se con-
substancia no *"poder de contrair dívidas, assumindo as correspondentes responsabilidades, pelo recurso a operações financeiras de
crédito"*[19].

É do cruzamento entre estas quatro modalidades de autonomia
financeira quanto à matéria com as modalidades quanto ao grau,
que surge o perfil autonómico-financeiro das autarquias locais.
O conceito de autonomia *"mede os poderes legais atribuídos (...) e
mede simultaneamente a relação entre o Estado (...) e a entidade
autónoma"*, uma relação de tutela financeira, que pode traduzir-se
numa de diversas formas — no caso das autarquias locais, uma
tutela meramente inspectiva [cfr. artigo 2.º da Lei das Finanças
Locais (LFL)[20]].

Assim, as autarquias *"têm património e finanças próprias"*
(artigo 238.º, n.º 1 da CRP) *"cuja gestão compete aos respectivos*

---

[18] *Finanças do Sector...*, Ob. cit., pág. 493/494.

[19] *Idem*...pág. 494.

[20] Lei n.º 42/98, de 6 de Agosto, com as alterações introduzidas pela Lei
n.º 87-B/98, de 31 de Dezembro; Lei n.º 3-B/2000, de 4 de Abril; Lei n.º 15/
/2001, de 5 de Junho; Lei n.º 94/2001, de 20 de Agosto; Lei Orgânica n.º 2/2002,
de 28 de Agosto (Lei da Estabilidade Orçamental); e, finalmente, pela Lei
n.º 32-B/2002, de 30 de Dezembro, a Lei do Orçamento do Estado para 2003.

órgãos" (artigo 2.º, da LFL), autonomia financeira esta que assenta no poder de *"elaborar, aprovar e modificar as opções do plano, orçamentos e outros documentos provisionais"* [artigo 2.º, n.º 3, al. a), da LFL], no poder de *"elaborar e aprovar documentos de prestação de contas"* [al. b)], de *"arrecadar e dispor de receitas que lhes forem destinadas e ordenar e processar as despesas legalmente autorizadas"* [al. c)], assim como no poder de *"gerir o seu próprio património, bem como aquele que lhes for afecto"* [al. d)].

As autarquias são dotadas de independência orçamental, processando-se a sua actividade orçamental à margem do Orçamento do Estado — tratando-se, portanto, de um caso de ampla desorçamentação. O artigo 5.º, n.º 2, da Lei de Enquadramento Orçamental (LEO), a par com o referido preceituado da LFL, traduzem claramente esta ideia de *"independência orçamental e patrimonial participativa"*, com amplíssima autonomia na *"preparação e decisão sobre o conteúdo do orçamento, como a execução orçamental, como o respectivo controlo e responsabilização; inclui designadamente a escolha das despesas e receitas com respeito pelo princípio da legalidade"*, mas atenuada pelo facto de não poderem *"alterar as receitas"* nem disporem *"da plenitude das receitas cobradas na sua área, estando sujeitas a uma ténue tutela inspectiva"*[21].

A dignidade constitucional reconhecida à autonomia local nas suas várias vertentes, tal como ficou traçada, é, no entanto, recente. A Constituição de 1976 veio dar assento jurídico-constitucional a uma tradição municipalista que, entre nós, remonta aos tempos da colonização romana[22].

---

[21] A. L. Sousa Franco, *Finanças do Sector...,* Ob. cit., pág. 497/498.

[22] A. L. Sousa Franco, *Finanças Públicas e Direito Financeiro*, Volume I, 4.ª Edição, 9.ª Reimpressão, Almedina, Coimbra, 2002, pág. 209/212. Esta tradição municipalista sofreu directamente os reveses do centralismo da Constituição de 1933, onde o corporativismo marcava de forma intensa a organização social, económica e política do país. Enquanto forma de organização social *"o corporativismo recorta-se através de uma «ordem económica e social», que repousa na solidariedade (ou solidariedade a todo o custo) dos interesses das classes sociais (...) envolve as corporações morais e económicas e as associações*

10 Obrigações Municipais

A verdade é que a mediação do ideal descentralizador no estabelecimento de um leque atributivo de tarefas às autarquias não é uma realidade cronologicamente homogénea. A autonomia financeira, enquanto conteúdo e fenómeno projector da autonomia local e da descentralização financeira, espelha esta descontinuidade da história legislativa recente.

Se, por um lado, *"a quantidade e «qualidade» dos recursos financeiros ao dispor das autarquias locais são variáveis de importância crucial para avaliar a «capacidade efectiva das autarquias locais para gerirem (...) uma parte importante dos assuntos públicos» e, desde logo, a sua autonomia"*[23], por outro lado, a *"Lei das Finanças Locais — em todos os textos — representa um compromisso, técnica e formalmente aceitável, e apenas num sentido ousadamente descentralizador, tanto pelo montante das receitas afecto às autarquias como pela amplitude dos poderes concedidos para a sua gestão e actuação"*[24].

---

ou organizações sindicais, incumbindo ao Estado reconhecê-las e promover e auxiliar a sua formação", ensina Jorge Miranda. Enquanto forma de organização política, o autor define o corporativismo como visando *"a participação das sociedades primárias no poder, pois «elementos estruturais da Nação» (art. 5.º) não são apenas os indivíduos, são também as sociedades menores. O sufrágio orgânico (...) pertence privativamente às famílias, através dos respectivos chefes"* elegendo as juntas de freguesia, que depois *"concorrem para a eleição das câmaras municipais e estas para os conselhos de província, e na Câmara Corporativa haverá representação de autarquias locais (art. 19.º)"* (*Manual de Direito Constitucional*, Tomo I, Coimbra Editora, 6.ª Edição, 1997, pág. 300/301).

O Código Administrativo de 1936-40 adoptou uma visão extremamente centralizadora, restritiva das atribuições e competências autárquicas, paralelamente a uma drástica redução dos recursos financeiros. Só após o 25 de Abril de 1974 e as tentativas mais imediatas de formas associativas de base, foi definido um regime e sistema autárquico democrático e progressivamente descentralizado, assente na Constituição de 1976 e nas leis do poder local que se lhe seguiram (Lei n.º 79/77, de 25 de Outubro, e a Lei das Finanças Locais, a Lei n.º 1/79, de 2 de Janeiro).

[23] Mário Rui Martins, *As Autarquias locais...* Ob.cit., pág. 77.

[24] Sousa Franco, *Finanças do Sector...*, Ob. cit., pág. 544. Para uma análise evolutiva do enquadramento legal dado às finanças locais desde a Lei n.º 1/79,

I – Introdução   11

Neste contexto de "ousadia descentralizadora comedida" — e centrando-nos agora e em definitivo nos municípios —, seguindo o percurso da própria lei, são receitas municipais:

1. as receitas de origem tributária:
   a) A LFL, nos seus artigos 4.º e 16.º, atribui aos municípios poderes tributários de criação de impostos autónomos, *maxime* a contribuição autárquica, o imposto municipal sobre veículos, a SISA (agora profundamente reformada), num elenco exemplificativo — este poder de criação de impostos pode conduzir à existência de outros impostos;
   b) Também de natureza fiscal serão as transferências financeiras efectuadas pelo Estado para os municípios, e que se traduzem no *"direito a uma participação em impostos do Estado equivalente a 30,5% da média aritmética simples da receita proveniente dos impostos sobre o rendimento das pessoas singulares (IRS), sobre o rendimento das pessoas colectivas (IRC) e sobre o valor acrescentado (IVA)"* (artigo 10.º, n.º 1). Os montantes desta participação são fixados anualmente em cada Lei do Orçamento, e distribuídos pelo Fundo de Base Municipal (artigo 10.º-A), pelo Fundo Geral Municipal (artigos 11.º e 12.º) e pelo Fundo de Coesão Municipal (artigos 13.º e 14.º). Esta distribuição obedece ao imperativo constitucional de equilíbrio financeiro horizontal e vertical, à luz do fito de correcção das assimetrias (artigo 238.º, n.º 2, da CRP).
   c) As derramas, por seu turno, são impostos excepcionais destinados a acorrer ao financiamento de investimentos urgentes (v.g. para reforço da capacidade financeira do município ou no quadro dos contratos de reequilibro financeiro). A sua justificação é duvidosa, sendo cobradas

---

de 2 de Janeiro, passando pelo Decreto-Lei n.º 98/84, de 29 de Março, pela Lei n.º 1/87, de 6 de Janeiro, e terminando, então, na actual LFL, a Lei n.º 42/98 (com as alterações supra referidas, *cfr.* nota 14), *vide*, na mesma obra, pág. 543-550.

pelos municípios e incidindo sobre a colecta do IRC, nos termos do artigo 18.º.

d) As taxas locais e tarifas e preços de serviços, previstas nos artigos 19.º e 20.º, respectivamente.

2. De natureza distinta, constituem também receitas dos municípios as receitas patrimoniais, resultantes da administração do património do município [cfr. artigo 16.º, als. e) e j)].

3. Para além de um conjunto de receitas municipais cuja tipificação ou enquadramento seja mais difícil e menos relevante (como seja o produto de multas e coimas, da cobrança de encargos de mais-valias, heranças, doações e demais liberalidades a favor do município, etc.), o financiamento pelo recurso ao crédito assume particular relevância no quadro dos recursos financeiros dos municípios, e todo o destaque no âmbito da nossa análise.

O regime de crédito dos municípios, previsto no artigo 23.º e seguintes, engloba, essencialmente a locação financeira — modalidade de crédito através da qual, sucintamente, *"os municípios poderão adquirir bens móveis e imóveis, através de um arrendamento com opção de compra a preço determinado"*[25] — o crédito intermediado — *maxime*, os empréstimos bancários — e o crédito desintermediado ou emissão de dívida obrigacionista.

O recurso ao crédito, desintermediado ou não, deverá orientar-se por princípios de rigor e eficiência, e poderá revestir carácter temporal de longo, médio e curto prazo. Os empréstimos poderão ser contraídos *"para acorrer a dificuldades de tesouraria, não podendo o seu montante médio anual exceder 10 % das receitas provenientes das participações do município"* nos fundos municipais. Destinam-se a ser apli-

---

[25] Vítor Castro, "O Mercado de Capitais e a Emissão de Obrigações pelo Município", *Municipalis, Técnicas e Equipamentos Municipais*, n.º 13, Maio/ Junho de 1990, pág. 28.

cados "*em investimentos reprodutivos e de carácter social ou cultural ou para proceder ao saneamento financeiro dos municípios*"[26]. Para além das limitações desde sempre consagradas nas várias versões da LFL, a Lei de Estabilidade Orçamental (Lei Orgânica n.º 2/2002, de 28 de Agosto) consagrou limites altamente redutores da capacidade de endividamento dos municípios, à luz dos imperativos comunitários de contenção da dívida pública, numa dinâmica de restrição concretizada pela Lei do Orçamento de Estado para 2003 (Lei n.º 32-B/2002, de 30 de Dezembro), acompanhada agora pela Lei do Orçamento para 2004 (Lei n.º 107-B/2003, de 31 de Dezembro). A estes, voltaremos mais tarde.

Ora, a receita municipal vem demonstrando uma tendência contrária ao expansionismo da despesa, num contexto de descentralização e da muito em voga redução do peso da estrutura da Administração Central. Senão vejamos.

O gradual alargamento de competências das autarquias tem como consequência directa o aumento da despesa pela necessidade de investir na criação e manutenção de infra-estruturas aptas à produção e prestação de bens e serviços públicos, e pelo aumento da dimensão administrativo-burocrática de suporte a essa actividade produtiva.

Por outro lado, o movimento do lado da receita é inverso. O clássico sistema de financiamento bipolar, assente nas receitas fiscais municipais (directas e indirectas, *ex vi* transferências do Estado) e no endividamento intermediado, junto da banca, está esgotado, na razão directa do aumento das tarefas transferidas da Administração Central para a Administração Local.

Este movimento denota um claro desequilíbrio na dicotomia competências-financiamento, estrutura basilar de uma descentralização sustentada. A busca redundante de tal equilíbrio tem mantido cativos os municípios.

---

[26] *Idem...*, pág. 28.

De facto, e como já foi sublinhado, a autonomia reconduzida à descentralização parte da ideia de que *"é normal que os grupos que mais se identificam, entre si por razões culturais ou étnicas, mas, também, por motivos económicos ou de mera vizinhança, tendam a organizar-se em formas de governo próprio. (...) a maior proximidade entre governantes e governados permite um melhor conhecimento das necessidades destes e um maior controlo sobre as decisões daqueles"*[27].

Será, então, esta maior proximidade a permitir uma decisão, produção e prestação de bens e serviços públicos mais eficiente, de tal sorte que suplantará as economias de escala que só as grandes unidades administrativas permitem produzir. E porque esta relação de proximidade é uma via de dois sentidos, existirá sobre os pólos de decisão locais um controlo que apele à real eficácia na prossecução das tarefas cometidas por razão dessa cercania.

A análise da performance económica e financeira das entidades públicas conheceu enquadramentos teóricos diversos, procurando traçar com rigor a fronteira do óptimo na provisão de bens pelos governos centrais — de forma centralizada — e/ou pelas entidades locais — de forma descentralizada.

Dito de outra forma, qual será o nível de governo mais adequado para que tipo e grau de provisão pública, de forma a que tal tarefa se revista da maior eficácia possível na satisfação das necessidades colectivas?

O corpo teórico que mais profundamente analisou este tópico é normalmente designado por *fiscal federalism* ou — atendendo ao seu conteúdo e mais-valias na sua aplicação em estados unitários — descentralização financeira, de Oates, depois de contributos basilares como de Tiebout e de Musgrave[28].

---

[27] Eduardo Paz Ferreira, "Problemas de Descentralização Financeira", *Revista da Faculdade de Direito da Universidade de Lisboa*, Volume XXXVIII, N.º 1, Coimbra Editora, 1997, pág. 122.

[28] Tiebout desenhou um modelo baseado na procura pública, pressupondo as diferenças de gostos dos indivíduos, bem como uma mobilidade geográfica

I – Introdução

Se a configuração do leque de funções do Estado liberal, reduzido ao essencial, facilitava a identificação de áreas óptimas de benefício, ou seja, *"espaços em que a prestação de bens públicos correspondesse exclusivamente à satisfação das necessidades dos responsáveis pelo seu financiamento"*[29], o Estado de Bem Estar trouxe consigo um intervencionismo que hoje se entende exacerbado, e uma diminuição considerável das áreas de intervenção e prestação das entidades locais.

O "novo" Estado, seja qual for o seu paradigma — *Estado Regulador*, o Estado da *terceira via* — despertou novamente para o fenómeno da descentralização financeira, dada a necessidade de diminuir as suas áreas de intervenção/produção directa nas prestações públicas tornando-se, consequentemente, patrocinador de formas de intervenção indirecta e de associativismo com os privados para o desempenho de tarefas eminentemente públicas. Um certo revivalismo da "escolha pública".

A redução do património do Estado (abaixo dos níveis típicos do Estado Feudal e patrimonial) paralelamente ao crescimento da despesa pública, conduziram-nos a uma encruzilhada, um momento em que se procuram novas alternativas para financiar as competências transferidas de uma Administração Central "mais magra" para uma Administração Local que, assim, expande.

---

que lhe permita escolher a comunidade local que ofereça os bens públicos que satisfazem as suas preferências. Assim, como salientam Ana Bela Bravo e Jorge Vasconcelos e Sá, *"uma das peculiaridades do modelo é a sua semelhança com o mecanismo de concorrência e de revelação de preferências pelo mercado. Com efeito, partindo de pressupostos restritivos, entre os quais a existência de um grande número de pacotes fixos e diferentes de bens públicos/impostos, os indivíduos podem escolher a jurisdição em que desejam residir com base nas suas preferências por bens públicos, como se comprassem no mercado, simplesmente deslocando-se e votassem pelo seu pé — voting with-the-feet"* (*Autarquias Locais, Descentralização e Melhor Gestão*, Verbo, 2000, pág. 15-16).

[29] Paz Ferreira, "Descentralização...", *Ob. cit.*, pág. 124.

Quadro n.º 1
Vantagens e limitações
da descentralização

Vantagens	Limitações
Eficiência: – decisão local/preferências locais – financiamento local/autonomia local – subsidiariedade	Do ponto de vista da eficiência: – não compensação de efeitos externos – não aproveitamento de ec. escala – ineficiência dos imposto s/ propriedade
Responsabilização política (consequência do binómio financiamento/autonomia) – princípio do utilizador-contribuinte – discricionariedade na fixação de receitas	Distorções interautarquias derivadas da discricionariedade local – incentivos à mobilidade de factores
Fragmentação jurisdicional-concorrência – redução do poder de monopólio das autoridades locais – favorece níveis óptimos de provisão	Desigualdade orçamental interautarquais – ausência de níveis uniformes de provisão de bens/serviços públicos – desrespeito pelo princípio de equidade horizontal

Fonte: *Autarquias Locais, Descentralização e Melhor Gestão*, Ana Bela Bravo e Jorge Vasconcellos e Sá

3. A necessidade de diversificar as formas tradicionais de financiamento municipal: as obrigações como solução dentro do mercado de capitais

Com a aplicação da Lei da Estabilidade Orçamental, no contexto de um pacote de medidas de absoluta contenção da despesa adoptado a partir de 2002 mas com raízes anteriores, o investimento público e o cumprimento das tarefas essenciais cometidas aos vários níveis da Administração têm experimentado novas abordagens, face ao desgaste do financiamento tradicional, quer ao nível da erosão da receita fiscal quer, sobretudo no âmbito municipal, ao nível do recurso ao crédito intermediado.

Na verdade, e como salienta Isabel Cabaço Antunes, *"a lei estabeleceu sempre os limites da capacidade de endividamento dos municípios. No Código Administrativo, a capacidade de endivida-*

mento dos municípios era determinada em função do valor das receitas ordinárias da autarquia local. (...) em 1977 (...) as "receitas ordinárias" mantiveram-se como base de determinação da capacidade de endividamento"[30] [31].

A Lei n.º 1/79, de 2 de Janeiro alterou essa base, estabelecendo no artigo 15.º, n.º 4 que *"o encargos anuais com amortizações e juros dos empréstimos a médio e longo prazos não podem exceder nunca 20 % das receitas orçamentadas para investimentos no respectivo ano pelo município"*. Afirma Isabel Colaço Antunes, num comentário de uma total actualidade apesar de escrito em 1985, *"nessa altura não se tinha previsto os riscos que esta base da capacidade de endividamento podia induzir. Desta forma a capacidade de endividamento era também definida em função dos empréstimos, dado que estes eram fonte de financiamento dos investimentos. O Decreto-Lei n.º 258/79, de 28 de Julho, que regulamentou o crédito municipal, não foi mais feliz na definição estabelecida por lei"*[32].

A Lei das Finanças Locais de 1984 (Decreto-Lei n.º 98/84, de 29 de Março) acaba por precisar de forma mais rigorosa os limites à capacidade de endividamento, dispondo que *"os encargos anuais com amortizações e juros de empréstimos a médio e longo prazos não podem exceder o maior dos limites correspondentes a 20 % do montante do Fundo de Equilíbrio Financeiro que cabe no respectivo ano ao município ou a 20 % das despesas realizadas para*

---

[30] *Autonomia Financeira dos Municípios Portugueses*, Ministério do Plano e da Administração do Território, 1985, pág. 139-140.

[31] Poderíamos recuar um pouco mais no tempo, e constatar que, em matéria de endividamento local sempre se encontraram regras sólidas. Assim, antes da revolução do 25 de Abril de 1974: na 1.ª República, entre 1918 e 1923 foram emitidos os certificados de dívidas; pouco depois, o Banco de Portugal suspendia o desconto; segui-se o saneamento, levado a cabo por Salazar; e, de facto, na vigência do Código Administrativo, as normas regulamentadoras do acesso ao crédito pelas autarquias locais eram rigorosas, tendo a Caixa Geral de Depósitos o monopólio do crédito das autarquias.

[32] *Idem...*

investimento pelo município no ano anterior" (artigo 10.º, n.º 5). Esta possibilidade de escolha mostrou-se *"muito importante para a preservação da autonomia financeira dos municípios. Assim, evita--se não só uma dependência exclusiva dos municípios face às instituições de crédito, mas também uma dependência integral da receita municipal mais importante. Mas, na condição em que a capacidade de endividamento é definida pela participação do município no FEF, se a evolução desta não acompanha o aumento dos encargos financeiros, o município ultrapassará o limite legal sem que o montante dos empréstimos tenha aumentado"*[33].

Por fim, o diploma que antecedeu a actual LFL, a Lei n.º 1/87, de 6 de Janeiro, dispunha, no artigo 15.º, n.º 6, que *"os encargos anuais com amortizações e juros de empréstimos a médio e longo prazos, **incluindo os empréstimos obrigacionistas**, não podem exceder o maior dos limites do valor correspondente a três duodécimos do FEF que cabe ao município ou a 20 % das despesas realizadas para investimento pelo município no ano anterior"*.

A actual LFL, fixou os limites à capacidade de endividamento municipal nos mesmos termos (cfr. artigo 24.º, n.º 3), mas viu tal preceito derrogado pelo Orçamento de 2003.

Já antes, na sequência do *Relatório sobre as Medidas para uma Política Sustentável de Estabilidade e Controlo da Despesa Pública*, desenvolvido por um grupo de trabalho coordenado pelo Prof. Dr. António L. Sousa Franco e composto, para além do coordenador, pelos Drs. Maria Helena Pereira, Isabel Marques da Silva e Carlos Lobo, a Lei do Orçamento do Estado para 2002 (Lei n.º 109-B/2001, de 27 de Dezembro), autorizou o governo, no seu artigo 18.º, n.º 2, a *"limitar o acréscimo de endividamento líquido dos municípios, por forma a garantir o cumprimento dos objectivos do défice estabelecidos no Orçamento do Estado para 2002"*.

Acabaria por ser a Lei da estabilidade orçamental, a Lei Orgânica n.º 2/2002 de 28 de Agosto, a alterar a Lei de Enquadramento Orçamental no sentido de habilitar o legislador a, na lei do orça-

---

[33] *Idem...*

I – Introdução 19

mento, estabelecer limites de endividamento anual das autarquias locais que poderão ser mais baixos do que os limites fixados na LFL. Tal sucedeu logo na Lei do Orçamento do Estado para 2003, a Lei n.º 32-B/2002, de 30 de Dezembro, no seu artigo 19.º, com posterior densificação pela Lei de Execução Orçamental de 2003[34].

De igual forma, a Lei do Orçamento do Estado para 2004 (Lei n.º 107-B/2003, de 31 de Dezembro) estabeleceu limites ao endividamento municipal. Mais importante, para a temática que abordamos, estabeleceu-se no artigo 19.º da Lei do Orçamento: *"durante o ano de 2004, fica o Governo autorizado a legislar no sentido da regulamentação da emissão de obrigações municipais, nos termos do n.º 1 do artigo 23.º da Lei n.º 42/98, de 6 de Agosto"* (a LFL). A consagração desta autorização legal acentua de forma clara a relevância desta forma (complementar) de financiamento das actividades cometidas aos municípios.

Face a este cenário, exploram-se hoje novas formas de financiamento cujo denominador comum assenta no facto de o endividamento da operação não ser considerado como próprio da Administração promotora. Estas fórmulas alternativas têm passado pela participação do sector privado no financiamento de infraestruturas públicas — veja-se os contratos de *Project Finance*[35], as SCUT´s[36],

---

[34] No decurso de 2003 surgiram algumas medidas pontuais de excepção a tais limites. A título de exemplo, a Lei n.º 107/2003, de 10 de Dezembro, excluiu os empréstimos contraídos para reparação dos danos provocados em equipamentos e infra-estruturas municipais de relevante interesse público destruídas pelos incêndios ocorridos desde 20 de Julho de 2003, financiados por linha de crédito bonificado, dos limites de endividamento municipal.

[35] A título exemplificativo, atente-se no caso do financiamento da construção da Ponte Vasco da Gama, concessionada à Lusoponte, cfr. Decreto-Lei n.º 168/94, de 15 de Junho e as Resoluções do Conselho de Ministros n.º 121-A/94, de 15 de Dezembro; n.º 6-A/95, de 30 de Janeiro; n.º 25-B/2000, de 13 de Maio; n.º 97/2000, de 2 de Agosto; e n.º 52/2001, de 24 de Maio.

[36] Concessões da exploração de auto-estradas em regime de portagem sem cobrança aos utilizadores, cujo regime jurídico se encontra, no essencial, previsto no Decreto-Lei n.º 267/97, de 2 de Outubro (alterado pelo Decreto-Lei n.º 119-B/99,

20   *Obrigações Municipais*

ou as Parcerias Público-Privadas (PPP)[37], figuras jurídicas herdeiras do tradicional contrato de concessão — e pelos modelos de gestão privada e utilização de figuras jurídicas que permitem a não consolidação da dívida — onde pontua o movimento de empresarialização do sector da saúde, com a transformação de diversos hospitais integrados no Serviço Nacional de Saúde em sociedades de capitais exclusivamente públicos[38], (cujo estatuto orgânico-administrativo era, antes, o de estabelecimentos públicos, e hoje o de empresas públicas, na acepção do regime jurídico do sector empresarial do Estado[39]) que, à luz dos critérios do Sistema Europeu de Contas Nacionais e Regionais (SEC 95) permitem a não consolidação da dívida[40].

---

de 14 de Abril; pelo Decreto-Lei n.º 220-A/99, de 16 de Junho; pelo Decreto-Lei n.º 541/99, de 13 de Dezembro; pelo Decreto-Lei n.º 306/2002, de 13 de Dezembro; e, finalmente, pelo Decreto-Lei n.º 85/2003, de 24 de Abril).

[37] As PPP serão um *"contrato ou união de contratos, por via dos quais entidades privadas, designadas por parceiros privados, se obrigam, de forma duradoura, perante um parceiro público, a assegurar o desenvolvimento de uma actividade tendente à satisfação de uma necessidade colectiva, e em que o financiamento e a responsabilidade pelo investimento e pela exploração incumbem, no todo ou em parte, ao parceiro privado"*, tal como definidas no artigo 2.º, do Decreto-Lei n.º 86/2003, de 26 de Abril, que define as normas gerais aplicáveis à intervenção do Estado no âmbito das PPP. Já em 2002 havia sido aprovado o Decreto-Lei n.º 185/2002, de 20 de Agosto, que estabelece o quadro regulamentador para o estabelecimento de parcerias no sector da saúde.

[38] Cfr. Lei n.º 27/2002, de 8 de Novembro, que consagra o novo regime jurídico de gestão hospitalar.

[39] Decreto-Lei n.º 558/99, de 17 de Dezembro. Numa perspectiva crítica a este movimento, *vide* J. M. Coutinho Abreu, "Sociedade Anónima, A Sedutora (Hospitais, S. A., Portugal, S.A.)", *Miscelâneas*, n.º 1, IDET, Almedina, 2003.

[40] O SEC 95 — sistema de definições e classificações estatísticas uniformes, cujo objectivo consiste numa descrição quantitativa coerente das economias dos Estados-membros — oferece métodos de classificação e sectorização das unidades institucionais, em atenção ao défice e à dívida das administrações publicas. Desta forma, o SEC 95 acaba por determinar, de forma indirecta, a formatação institucional no seio do sector público empresarial. Como escrevemos, noutro local, existe uma presunção de que os produtores públicos organizados

I – Introdução 21

Este movimentos obrigam a Administração a transferir as suas atenções para a estruturação de operações complexas que reclamam dimensões jurídicas, financeiras, de viabilidade económica e organizativa compatíveis com as exigências do mercado. Em matéria de financiamento, a *"fuga para o direito privado"*[41] traduz-se essencialmente numa aproximação das finanças públicas às finanças privadas, ao mercado e aos seus critérios de selecção.

Esta reestruturação da dinâmica de funcionamento, ditada por imperativos financeiros, traduz-se, então, numa aproximação da administração às regras do mercado. E, no que toca ao tema concreto que ora nos ocupa, poderá levar a administração local, os municípios, a congregar esforços no sentido de uma maior racionalidade e eficiência na afectação dos recursos, de um maior rigor orçamental, por forma a poderem recorrer ao mercado de capitais para se financiarem[42].

A ideia não será inovadora, quer no plano nacional, quer sobretudo no plano do direito comparado. O ordenamento jurídico norte-americano, bem como alguns ordenamentos europeus, têm uma longa tradição de emissão de dívida obrigacionista para o financiamento das actividades desenvolvidas pelas suas entidades locais.

Entre nós, esta possibilidade está legalmente prevista, no artigo 23.º, n.º 1, da LFL, tendo sido utilizada num primeiro esforço

---

como sociedades de capital são unidades geradoras, financiadoras e fornecedoras de bens e serviços mercantis. Já os produtores públicos que não revistam a natureza de sociedades de capitais deverão passar por um "teste tríplice", por forma a determinar-se a sua sectorização nas administrações públicas, ou nas sociedades ["O Sistema Europeu de Contas Nacionais e Regionais (SEC 95) como limite à iniciativa económica pública", *Revista do Tribunal de Contas*, n.º 39 (no prelo)].

[41] A expressão é de Maria João Estorninho, *A Fuga para o Direito Privado*, Almedina, 1999.

[42] Sobre este tema, vide o recente estudo de António Rebordão Montalvo, *O Processo de Mudança e o Novo Modelo da Gestão Pública Municipal*, Almedina, 2003.

de implementação levado a cabo a partir de 1993, com a primeira emissão de obrigações municipais, da Câmara Municipal de Lisboa, a ser admitida à cotação. Esta forma de financiamento apareceu pela primeira vez em 1984, com o Decreto-Lei n.º 98/84 ao dispor, de forma singela, que *"os municípios podem emitir obrigações nos termos da lei"* (artigo 11.º, n.º 3).

Apesar da titularização de activos dos municípios portugueses já ter conhecido o primeiro impulso — até hoje, foram emitidas obrigações das Câmaras Municipais de Lisboa, Sintra e Oeiras — a verdade é que a liquidez destes títulos de dívida é inexistente — não há negociação registada. Aliás, em Junho de 2003 as obrigações do município de Oeiras foram retiradas do mercado bolsista.

3.1. As obrigações — características essenciais e aproximação conceptual ao mercado de capitais

Defendida a sua necessidade como esquema alternativo às tradicionais fontes de financiamento municipal, o momento é agora de caracterização genérica da obrigação enquanto valor mobiliário e, em concreto, dos títulos de dívida pública municipal. Ao mesmo tempo, aproximaremos esta análise dos conceitos essenciais do mercado de capitais.

As obrigações são, nos termos do artigo 1.º, n.º 1, al. b), do Código dos Valores Mobiliários, (precisamente) valores mobiliários, não oferecendo o codificador qualquer definição legal que clarifique a sua essência. Assim, a nossa busca conceptual no seio do ordenamento jurídico leva-nos ao Código das Sociedades Comerciais que, no artigo 348.º, n.º 1 acaba por definir obrigações como *"títulos negociáveis que, numa mesma emissão, conferem direitos de crédito iguais para o mesmo valor nominal e que se denominam obrigações"*.

Uma vez que o escopo da nossa análise não se compadece com elaborações teóricas em torno destes conceitos — empreitadas da maior importância, mas a levar a cabo em sede mais apropriada —

diremos que, em teoria geral, as obrigações são títulos representativos, titulando empréstimos ou outros créditos, sem se confundirem com a figura do contrato de mútuo.

O núcleo essencial do seu conteúdo é formado pelo direito ao reembolso e pelo pagamento de um juro. A título complementar, integram-se no seu conteúdo:

a) o direito do subscritor à informação geral sobre assuntos relativos ao emitente;

b) garantias especiais, criadas por vontade do emitente, em cada emissão;

c) medidas especiais de protecção dos obrigacionistas.

Os títulos obrigacionistas podem ser emitidos **integrando direitos acessórios** para o subscritor: fala-se então de obrigações convertíeis em acções; de obrigações com *warrants* — um direito destacável da obrigação e assim comercializável em mercado — etc.

A classificação de este valor mobiliário deverá reportar-se aos seus elementos essenciais: (1) no plano temporal, das maturidades, podemos assistir a emissões obrigacionistas de médio/longo prazo, bem com a emissões de curto prazo (nesta sede, não falamos de obrigações, mas de *notes* ou bilhetes do tesouro, abandonando-se o contexto dos valores mobiliários para o campo dos valores monetários[43]); (2) a forma de transmissão — ao portador; nominativas, (3); a representação do empréstimo — *obrigações tituladas* e *obrigações não tituladas* —; e, por fim, (4) a estruturação dos juros e modo de reembolso.

Quanto à estrutura de vencimento, podemos falar, à partida:

a) de *obrigações de taxa fixa*: a taxa de cupão ou de juro é fixada no momento da emissão das obrigações, sendo reversível ou não reversível;

---

[43] Sobre os valores monetários dispõem o artigo 3.º do CVM: *"presume-se que têm natureza monetária as obrigações emitidas por prazo igual ou inferior a um ano"*.

b) de *obrigações de taxa variável*: a taxa de cupão pode variar ao longo do período de maturidade da obrigação, estando indexada a um parâmetro definido no momento da emissão, e que pode ser de dois tipos: (1) *indexação financeira*, uma vez que a taxa de juro está dependente de um indicador, como uma taxa de referência (ex: LISBOR) ou um índice (ex: PSI 20, *Dow Jones*, etc.); e (2) *indexação real*, situação em que os *cash-flows* das obrigações estão dependentes da evolução de um activo real, como o petróleo ou o ouro.

Ainda no contexto da estrutura do juro, podemos falar de *obrigações de cupão zero*, sem juro, residindo o interesse da subscrição no facto de, no momento da emissão, as obrigações serem lançadas abaixo do par, ou seja, são vendidas abaixo do seu valor nominal; e de *obrigações de capitalização automática*, caracterizadas pelo facto de a taxa de juro incidir sobre o valor da emissão mais os juros acumulados até ao prazo de reembolso.

O reembolso pode processar-se ao par, acima do par e abaixo do par: o valor de reembolso será, respectivamente, igual, superior ou inferior ao valor nominal. Desta forma, distinguem-se das obrigações simples, cujo valor de reembolso é igual ao valor de emissão, as obrigações com prémio, caso o valor de reembolso seja acima do par.

Partindo destes elementos estruturais primários, os tipos e combinações são inúmeras: obrigações sem reembolso (apenas vencem juros); obrigações com reembolso único (amortização é integralmente efectuada à data de vencimento do empréstimo); obrigações com reembolso periódico (amortizada ao longo do seu período de vida, seja com anuidades constantes, seja com reembolsos constantes); e obrigações de reembolso antecipado. Nestas, o reembolso tem lugar antes da data de vencimento, desde que tal opção esteja prevista na ficha técnica da obrigação, e pode conhecer duas modalidade: *call option*, já que aqui o emitente reserva o direito de amortizar, parcial ou totalmente, os títulos antes de atingirem a maturidade; *put option*, no âmbito das quais está reservado ao investidor o direito de venda antecipada, mediante o exercício da opção de venda, antes do vencimento da obrigação e à entidade emitente.

Finalmente, as obrigações podem ser titularizadas ou garantidas, ou subordinadas, apresentando estas uma garantia menor através de uma cláusula de graduação de créditos: o crédito titularizado pela obrigação será o último a ser satisfeito. Voltaremos mais adiante ao tipo de garantias que podem estar alocadas à emissão de obrigações, ao abordar o mercado de *municipal bonds* norte-americano.

Após esta visita panorâmica às características nucleares dos títulos obrigacionistas, procede-se agora a uma viagem analítica — e introdutória — pela dinâmica de funcionamento do mercado de capitais.

A primeira noção a que recorremos é precisamente a de mercado de valores mobiliários, definido no artigo 198.º do CMV da seguinte forma: *"considera-se mercado de valores mobiliários qualquer espaço ou organização em que se admite a negociação de valores mobiliários por um conjunto indeterminado de pessoas actuando por conta própria ou através de mandatário"*. O mesmo código dedica os preceitos seguintes a disposições genéricas relativas aos mercados regulamentados, à admissão à negociação, à realização de operações fora do mercado, etc., sendo essencial reter o conceito de mercados de bolsa, *"mercados regulamentados em que a emissão das ofertas e a conclusão das operações são centralizadas num só espaço ou sistema de negociação"* (artigo 213.º). Aos mercados voltaremos na terceira parte deste estudo.

A performance de uma determinada emissão no mercado depende essencialmente do risco associado, função de diversos tipos de risco diversificáveis e sistemáticos, e condição da taxa de retorno.

O preço de uma obrigação depende, essencialmente, da taxa de juro de mercado, variando na razão inversa desta taxa. Qualquer alteração da taxa de juro reflecte-se imediatamente no preço da obrigação, já que aquela é determinante do valor da taxa de actualização. Assim, o *spread* será a diferença entre o preço de venda e o preço de compra da obrigação.

A *yield to maturity* (*YMT*) é um elemento central da estrutura temporal das taxas de juro, e corresponde à taxa interna de rendibilidade de um investimento em obrigações, sendo normalmente utilizada para a avaliação de obrigações, uma vez que reflecte o risco e o custo de oportunidade do investimento face a aplicações alternativas[44].

Os *spreads do mercado* traduzem a relação dos *spreads* entre diferentes mercados de valores mobiliários, monotorizando os mercados por forma a conhecer, a cada momento, aquele que proporciona melhores condições de investimento[45]. A *YTM* está, naturalmente, associada a esta análise.

Os *spreads sectoriais* apontam as diferenças de preços entre os vários sectores do mercado de obrigações municipais[46].

Os *spreads do crédito* são o resultado da análise dos diferentes *spreads* dentro de um determinado sector de obrigações. A análise de *spreads* entre uma emissão cujo *rating* seja AAA, e uma emissão de *rating* BBB permite determinar o valor relativo de cada tipo de crédito, assim como fornecer elementos preponderantes para que os emitentes, ao colocarem obrigações no mercado principal, tenham presente as mais-valias de utilizar esquemas de valorização do crédito (analisamos o conceito de *rating* na terceira parte).

As alterações no *rating* das obrigações, quer se trate de baixas ou altas, podem consubstanciar estímulos importantes ao mercado. Se uma obrigação está em descida, o seu *spread* em relação a outras da mesma categoria de *rating* ou a obrigações com *rating* AAA pode ampliar-se.

---

[44] A maturidade afecta directamente o *yield* das obrigações, de forma que a utilização da *YTM* para medir a rentabilidade de um investimento em dívida obrigacionista pressupõe que a obrigação é mantida até ao final da sua maturidade e que os *cash-flows* gerados periodicamente são reinvestidos numa outra aplicação alternativa, à taxa *YTM*.

[45] Por exemplo, a diferença entre o mercado de bilhetes do tesouro e o mercado de obrigações do Tesouro.

[46] Por exemplo, no mercado norte-americano, entre o *spread* das *housing bonds* e o *spread* das *IDBs*, que analisaremos mais adiante.

II
O direito comparado
O *municipal securities market*
dos Estados Unidos da América em especial

> *"Uma nação pode estabelecer um governo livre, mas sem instituições municipais não pode ter o espírito da liberdade".*
>
> Alexis de Tocqueville

1. O *municipal bond market* norte-americano

O mercado de obrigações municipais norte-americano será, porventura, um dos mais antigos e o mais dinâmico dos mercados de dívida pública municipal do mundo. Os registos oficiais da emissão de obrigações municipais mostram-nos que a primeira obrigação municipal data dos primórdios do século XVII: trata-se de uma *general obligation bond (GO)* emitida em 1812 pela cidade de Nova Iorque para a construção de um canal. Em 1999, quase dois séculos passados, circulavam um trilião e meio de dólares em obrigações municipais, representando o acumulado de emissões ao longo de muitos anos.

O crescimento exponencial da dívida pública municipal mobiliária — que só conheceu momentos de retracção em 1873 (o *Panic of 1873*)[47], em 1930, aquando da Grande Depressão, e durante

---

[47] A retracção do endividamento municipal, *maxime* através das *municipal bonds*, em 1870, prende-se com a construção dos caminhos de ferro, empreitada

a II Guerra Mundial — esteve desde sempre associado ao desenvolvimento urbano. As últimas décadas do século XVII assistiram a uma verdadeira explosão do endividamento municipal através da emissão de obrigações, utilizadas para financiar infra-estruturas urbanas e o sistema público e gratuito de educação.

Por tratar-se de um mercado paradigmático para qualquer investigação que se proponha a oferecer um modelo de implementação de um mercado de dívida municipal, analisaremos agora, de forma detalhada, a dinâmica do mercado de *municipal securities* dos Estados Unidos da América.

Qualquer análise deste tipo seria, no entanto, inútil caso não partisse do estudo da própria organização territorial do país, por forma a compreendermos que tipo de entidades podem aceder ao estatuto de emitentes de *municipal bonds*, para que tipo de financiamentos e o porquê das emissões, dentro do esquema de receitas das entidades municipais naquele Estado Federal. De igual modo, revela-se essencial a análise dos limites ao endividamento local, uma vez que o mote para este estudo foi, precisamente, a imposição de novos e rígidos limites à capacidade de endividamento das

---

em que os Estados Unidos da América investiram grandes quantidades de capital. Como nos dá notícia Judy Wesalo Temel (*The Fundamentals of Municipal Bonds*, The Bond Market Association, fifth edition, 2001, Wiley, pág. 49), *"for a few years after the Civil War, a lot of local debt was issued to build railroads. Because railroads were private corporations, these bond issues were very similar to today's industrial revenue bonds. In 1873 excessive construction costs on one of the largest transcontinental railroads, the Northern Pacific, closed down access to new capital. The country's largest bank, which was owned by the same investors as Northern Pacific, collapsed because of this, as did smaller firms and the stock market. The Panic of 1873 and the several years of depression that followed put an abrupt, if temporary, halt to the rapid growth of municipal debt. In response to the widespread defaults that jolted the municipal bond market of the day, new state statutes were passed that restricted the issuance of local debt. Some states even wrote these restrictions into their constitutions. The legality of the railroad bonds was widely challenged, giving rise to the market-wide demand that an opinion of qualified bond counsel accompany each new issue"*.

nossas autarquias e, a ela associada, uma tentativa de diversificar as fontes de financiamento, paralela a uma melhoria clara na gestão e afectação dos recursos.

Vejamos, então.

1.1. O Sistema jurídico-constitucional e administrativo dos EUA

a) Organização administrativa do território

A análise do sistema constitucional norte-americano revela-se, à partida, tarefa complexa. De facto, como salienta Jorge Miranda, trata-se de uma estrutura pesada, onde, a par com a Constituição Federal de 1787, encontramos *"as Constituições dos Estados federados de larguíssima importância em diversos domínios (eleições, participação popular, poder local, educação). Não representa, por conseguinte, tarefa fácil, nem simples conhecer o Direito constitucional dos Estados Unidos (até porque a própria Constituição de 1787, com as suas extensas secções, não é tão breve quanto, por vezes, se supõe e as Constituições dos Estados, além de diversificadas, são frequentemente longas e regulamentárias)"*[48].

As Constituições dos cinquenta Estados são chamadas a regular, para o que em particular nos afecta, as matérias da divisão político-administrativa do território intra-estadual, do poder local e do financiamento das actividades das entidades locais. O processo de análise de tal regulamentação constitucional não poderia encontrar maior complexidade uma vez que, para além da diversidade a que Jorge Miranda alude, o peso histórico e a tradição acolhida por cada constituição estadual conhece fontes múltiplas, por força dos antecedentes coloniais e geográficos de cada estado.

---

[48] *Manual de Direito Constitucional*, Tomo I, Preliminares, O Estado e os Sistemas Constitucionais, 6.ª Edição, Coimbra Editora, 1997, pág. 140.

Podemos identificar, atendendo à herança histórica e geográfica dos Estados Unidos da América, quatro grandes tipos administrativo-organizativos:

1) a organização político-administrativa da costa leste — que inclui os Estados do Maine, Vermont, New Hampshire, Massachusetts, Rhode Island, Connecticut, New Jersey, Delawaew, Maryland, North Carolina, South Carolina, Virgínia, West Virgínia, Pennsylvania e New York — de inspiração claramente britânica.
2) a organização político-administrativa dos Estados do Sul — Florida, New Mexico, Arizona, Nevada, Colorado — onde impera a tradição espanhola.
3) a organização político-administrativa dos Estados da zona central — Minnesota, North Dakota, South Dakota, Wyoming, Nebraska, etc. — onde, não cabendo grande poder de decisão aos governos locais, estes são chamados a intervir em vastas áreas. São, no entanto, áreas sem qualquer viabilidade financeira. Foram criadas soluções originais no plano da organização do território e do poder local.
4) o esquema político-administrativo adoptado na Califórnia que, sendo a sexta zona mais rica do mundo, acabou por adoptar um modelo misto, que colheu influências na tradição espanhola e nos territórios colonizados da faixa oeste.

Assim, no âmbito da investigação a que nos propomos, o primeiro elemento a considerar situar-se-á no campo dos conceitos e da organização territorial e administrativa norte-americana. De facto, sendo as *municipal bonds* emitidas por governos locais, é essencial fixar os contornos de este conceito, uma vez que não há correspondência directa entre a nossa estrutura político-administrativa e o nosso entendimento de autarquia local e o conceito norte-americano de governo ou entidade local.

A arquitectura político-administrativa norte-americana comporta três níveis de governo, e cinco tipos básicos de governo local. Trata-se de uma estrutura densa, formada por numerosas pessoas jurídicas de direito público e agências.

II – Direito comparado 31

O *Census of Governments*, lançado em Julho de 2002 e levado a cabo de cinco em cinco anos, revelou-se um precioso auxílio nesta tarefa. O *Census* apresenta resultados estatísticos relativos à contabilidade numérica e organizacional das *government units*, analisando, também, as finanças de cada tipo de "governo".

A primeira nota vai justamente para o conceito de *government*, que o *Census* define como entidade organizada sujeita à contabilidade pública, cujos dirigentes são eleitos por sufrágio popular ou nomeados por altos funcionários públicos, e cuja margem de discricionariedade na condução das suas atribuições e competências é suficientemente ampla para que possa ser distinguida ou autonomizada da estrutura administrativa de qualquer outra unidade governamental[49]. Assim, doravante utilizaremos o termo "governo", com a pretensão de significar o que acima se transcreve.

No edifício das unidades governamentais, o governo federal encontra-se no primeiro patamar. O segundo nível, no sentido descendente, é ocupado pelos governos estaduais. No seio destes, os governos locais subdividem-se em *general purpose governments* e *special purpose governments*.

Assim, integram aquela categoria de governos locais os *counties* (condados), as *municipalities* (municípios), as *townships*; no seio dos *special purpose governments* encontram-se os *school districts* e os *special districts*[50].

Segundo os números apurados pelo *Census* de 2002, existiam, a 30 de Junho de 2002, 87,900 unidades governamentais nos Estados Unidos da América. Para além da Federação e dos governos

---

[49] Os termos precisos apontados pelo *Census Bureau* nos compêndios já divulgados são os seguintes: "*government is defined as an organized entity subject to public accountability, whose officials are popularly elected or are appointed by public officials, and which has sufficient discretion in the management of its affairs to distinguish it as separate from the administrative structure of any other government unit*". A tradução é da autora.

[50] O "*district*" é entendido como divisão de uma dada área geográfica para fins puramente administrativos e/ou políticos.

estaduais, existiam 87, 849 unidades de governo local — 38,971 *general purpose governments* (3,034 condados e 35,937 sub-condados onde se incluem 19,431 municípios e 16,506 *townships*), e 48,878 *special purpose governments* (13,522 *school districts* e 35,356 *special districts*).

Os *counties governments* ou condados são pessoas colectivas de população, estando a sua criação directamente associada a uma determinada concentração populacional. Existem *county governments* um pouco por toda a federação, excepção feita ao Connecticut, a Rhode Island, ao District of Columbia e a áreas limitadas de outros Estados onde algumas divisões geográficas correspondentes a condados não têm "governos" distintos.

No Louisiana, os *county governments* são designados por *parish governments*, enquanto que no Alaska, os *borough governments* assemelham-se aos *county governments* dos outros estados.

Por seu turno as *municipalities* ou municípios são subdivisões político-administrativas nos limites das quais foram criadas pessoas jurídicas de direito público municipal para prosseguir os interesse próprios de uma específica concentração populacional numa área definida — são, de igual forma, pessoas colectivas de população.

Esta definição inclui todas as unidades activas oficialmente designadas por *cities*, *boroughs* (excepto no Alaska), *towns* (excepto nos seis estados da Nova Inglaterra, no Minnesota, Nova Iorque e Wisconsin) e *villages*. No Alaska, o termo *borough* corresponde a *county government*. Nos seis estados da Nova Inglaterra, no Minnesota, Nova Iorque e Wisconsin, o termo *town* refere-se a uma subdivisão que pode qualificar-se como pessoa jurídica de direito público municipal e por ter uma organização político-administrativa semelhante, mas que não tem necessariamente relação com uma concentração populacional e, consequentemente, corresponde ao termo *township* noutros estados.

Os *township governments* são pessoas colectivas de território, e existem para servir habitantes de áreas definidas sem que se verifique uma relação directa entre a sua existência e a concentração populacional, distinguindo-se assim dos *municipal governments*

II – Direito comparado   33

que são criados para servir concentrações populacionais específicas. Restringem-se aos estados do nordeste e do norte central. Só o território do Estado de Indiana está inteiramente divido e organizado em *townships*.

Já os *special district governments* são criados para prosseguir fins específicos e existem como entidades jurídicas fiscal e administrativamente independentes das pessoas colectivas de população. A par com os *school districts governments*, ligados, naturalmente, às redes de ensino gratuito apanágio do sistema norte-americano desde os primórdios da criação desta nação, são considerados *special purpose governments*.

Dentro deste tipo de entidades locais, poderão ainda ser criados *intercounty local governments*, unidades governamentais cujo território se estende por dois ou mais condados. É o caso da *Washington Metropolitan Area Transit Authority* (WMATA) — um *special district government* que opera nas áreas de oito condados nas proximidades de Washington DC.

Este conjunto de "governos" ou entidades locais estão habilitados a emitir títulos de dívida obrigacionista. No entanto, outras entidades, para além dos governos locais, podem emitir obrigações municipais.

Assim, além dos cinquenta estados e respectivos governos locais, o Distrito de Columbia e os territórios e possessões americanas — Samoa Americana, a *Commonwealth* de Porto Rico, Guam, Ilha Mariana do Norte, e as Ilhas Virgens norte-americanas — podem e emitem *municipal bonds*. Outra categoria de entidades está habilitada a emitir obrigações: as *authorities*.

Uma *authority* é uma entidade emissora distinta e separada do estado ou do governo local, criada expressamente para emitir obrigações, gerir uma empresa, ou ambos. Algumas *authorities* emitem obrigações em seu favor, como por exemplo as "autoridades" do sector dos transportes e da energia. Outras podem apenas emitir obrigações em benefício de entidades não-governamentais, como é o caso dos hospitais "públicos" (os *non-for-profit hospitals*), pri-

vate colleges, e empresas privadas encarregadas de actividades de controlo ambiental (*pollution-control activities*).

b) As bases constitucionais (estaduais) da autonomia financeira e os limites ao endividamento das entidades locais

As Constituições dos Estados federados são, muitas vezes, textos complexos e de vocação muito abrangente. Como tal, poucas, se não nenhuma, deixam de fora da sua esfera regulatória matérias como o poder local, a organização territorial, as finanças públicas e locais, os limites à tributação e ao endividamento.

Por forma a simplificar esta análise, tomámos como amostra quatro Constituições estaduais, por referência aos quatro grandes tipos administrativo-organizacionais: a Constituição de New York, da Florida, do Minnesota e da California.

Dos quatro textos constitucionais, aquele que menos atenção devota às organização do território e às finanças públicas pertence ao Estado do **Minnesota**. A Constituição de 1857[51] remete a arquitectura do poder local para a lei (artigo XII), dedicando o artigo XI ao Orçamento e Finanças. Na secção 4 do referido preceito autoriza-se o Estado a endividar-se, garantindo as dívidas com a sua boa fé, crédito e poderes tributários. Na secção 7 anota-se a possibilidade de a dívida assumir a forma de emissões obrigacionistas, estabelecendo-se algumas condições para tais emissões: o prazo de maturidade das obrigações não deve exceder os vinte anos, e a lei autorizativa da emissão deve distinguir com clareza a finalidade da emissão e os montantes máximos de despesa autorizada para essa tarefa.

O rigor orçamental de outras Constituições não tem aqui assento, o que porventura se coadunará com a inviabilidade financeira dos Estados do centro.

---

[51] Revista em Novembro de 1974, e com aditamentos introduzidos em 1974, 1980, 1982, 1984, 1988, 1990, 1996 e 1998.

A **Constituição Nova-Iorquina de 1938**, por seu turno, apresenta uma estrutura normativa densa em matéria financeira e de autonomia local.

O artigo IX, dedicado aos governos locais — *counties*, *cities*, *towns* (que, em termos genéricos, se reconduzem ao conceito de *township* que acima enunciamos), *villages* e *school districts* — declara, desde logo: "*effective local self-government and intergovernmental cooperation are purposes of the people of the state*", enumerando em seguida os direitos dos governos locais, na "*Bill of Rights for local governments*" da Secção 1.

Mas será porventura em matéria de finanças públicas que este Texto Constitucional se revela mais detalhado. O Artigo VII é dedicado às finanças do Estado, encontrando-se desde logo autorização constitucional para a emissão de títulos de dívida de curto prazo para antecipação de receitas fiscais (Secção 9), bem como a necessidade de autorização legal para a contracção de quaisquer dívidas.

Já o artigo VIII, sob a epígrafe "*Local Finances*", contêm uma série de importantes disposições, *maxime* em matéria de endividamento. A Secção 2 elenca um conjunto de restrições ao endividamento de "*subdivisões locais*", nomeadamente as seguintes: (a) as dívidas serão assumidas para prossecução de finalidades específicas da entidade local em questão; (b) os empréstimos não deverão exceder o período de utilização, ou o período médio de utilização calculada, do objecto ou finalidade justificativos da dívida; (c) a capacidade de tributação e crédito da entidade local não poderá servir de garantia ao empréstimo contraído, com excepção da dívida para antecipação de receitas fiscais.

A Secção 3 vai mais longe, e fixa os limites percentuais de endividamento local admissível. Assim, as entidades locais só poderão contrair empréstimos que, incluindo a dívida existente, não exceda um montante igual às seguintes percentagens da média total de propriedade tributável de cada *county*, *city*, *town*, *village* ou *school district*:

a) sete por cento, para qualquer *county*;

b) dez por cento, para a cidade de Nova Iorque;

c) nove por cento, para qualquer cidade com cento e vinte cinco mil ou mais habitantes, de acordo com o último *Census*;

d) sete por cento, para qualquer cidade com população inferior a cento e vinte cinco mil habitantes;

e) sete por cento, para qualquer *town*, desde que na prossecução de finalidades desta entidade;

f) sete por cento, para qualquer *village* e na prossecução de tarefas que lhe sejam próprias.

No entanto, como explicita a Secção 5, a emissão de títulos de dívida é excluída do cálculo da capacidade de endividamento local.

Dispõe o preceito — sob a epígrafe *"Ascertainment of debt-incurring power of counties, cities, towns and villages; certain indebtedness to be excluded"* — *"in ascertaining the power of a county, city, town or village to contract indebtedness, there shall be excluded:*

A. *Certificates or other evidences of indebtedness (except serial bonds of an issue having a maximum maturity of more than two years) issued for purposes other than the financing of capital improvements and contracted to be redeemed in one of the two fiscal years immediately succeeding the year of their issue (...).*

B. *Indebtedness heretofore or hereafter contracted to provide for the supply of water.*

C. *Indebtedness heretofore or hereafter contracted by any county, city, town or village for a public improvement or part thereof, or service, owned or rendered by such county, city, town or village, annually proportionately to the extend that the same shall have yielded to such county, city, town or village net revenue; provided, however, that such net revenue shall be twenty-five per centum or more of the amount required in such year for the payment of the interest on amortization of, or payment of, such indebtedness (...).*

D. Serial bonds, issued by any county, city, town or village which now maintains a pension or retirement system or fund which is not on an actuarial reserve basis with current payments to the reserve adequate to provide for all current accruing liabilities (...)".

Desta forma, a dívida mobiliária acaba por constituir uma verdadeira diversificação das fontes de financiamento, ainda que complementar às receitas tributárias e às transferências do Estado (*"subventions of the State"*). Uma solução que merece, parece-nos, importação para um mercado nacional de dívida municipal.

A **Constituição do Estado da Florida**, revista em 1968, dedica aos governos locais um extenso e completo Artigo VIII (*"Local Governments"*), subdividindo o território estadual em condados e municípios. Dispõe a Secção 1 (a), que *"the State shall be divided by law into political subdivisions called counties. Counties may be created, abolished or changed by law,* with provisions for payment or apportionment of the public debt". A mesma Secção estabelece, em seguida, uma série de aspectos inerentes à dinâmica de funcionamento dos condados, nomeadamente em matéria de fundos, governo, dirigentes, adopção de uma carta ou estatutos do condado, limites à tributação, etc. No entanto, a dignidade constitucional destes tópicos resume-se a previsões sumárias e remissão para a lei.

A Secção 2 do mesmo preceito dispõe sobre os municípios (*"Municipalities"*), estabelecendo desde logo os seus poderes, ao afirmar-se (a) que *"municipalities shall have government, corporate and proprietary powers enable them to conduct municipal government, perform municipal functions and render municipal services, and may exercise any power for municipal purposes except as otherwise provided by law. Each municipal legislative shall be elective"*. O Texto Constitucional dedica as demais Secções do Artigo VIII à regulamentação de diversos aspectos específicos relativos a condados e municípios.

Em matéria de finanças públicas, a Constituição da Florida, ao contrário do que sucede com o Texto Fundamental Nova Iorquino, não fixa quaisquer limites ao endividamento, estadual ou local. Dispõe-se, no entanto, no Artigo VII, Secção 1 (c): *"no money shall be drawn from the treasury except in pursuance of appropriation made by law"*; e na Secção 1 (d): *"Provisions shall be made by law for raising sufficient revenue to defray the expenses of the state for each fiscal year"*. A mesma Secção 1 (e) fixa limites à capacidade estadual de arrecadar receita:

> *"State revenues collected for any fiscal year shall be limited to state revenues allowed under this section for the prior fiscal year plus an adjustment for growth (...) State revenues collected for any fiscal year in excess of this limitations shall be transferred to the budget stabilization fund until the fund reaches the maximum balance specified in Section 19 (g) of Article III, and thereafter shall be refunded to taxpayers as provided by general law"*.

É interessante observar que os limites à arrecadação de receita podem conhecer alterações, expandindo-se a capacidade de cobrança para cada ano caso seja aprovada uma lei cujo objecto se limite estritamente à definição de novos limites, exigindo-se a aprovação desse diploma por dois terços do membros de cada casa Assembleia Legislativa.

Por *"state revenue"* pretende-se significar: impostos, taxas, licenças e outros preços por serviços prestados a indivíduos, empresas ou agências fora da estrutura governamental. Este conceito não inclui, no entanto, e conforme a Secção em apreço, *"revenues that are necessary to meet the requirements set forth in documents authorizing the issuance of bonds by the state"*.

Por outro lado, a Constituição da Florida é profícua em disposições autorizativas e regulamentárias da emissão de dívida obrigacionista, quer pelo Estado, quer pelas entidades locais. As Secções

II – Direito comparado

11 a 17, do Artigo VII, estabelecem os tipos de emissões admitidos, e os termos desta autorização. Assim, o Estado está autorizado a emitir:

a) *general obligation bonds*, desde que a emissão seja aprovada em referendo [Secção 11, (a)];

b) *revenue bonds*, sem necessidade de aprovação popular, mas desde que aprovado pela Assembleia Legislativa [Secção 11 (d), (e) e (f)];

c) *double-barreled IDB bonds* [Secção 14, (a)];

d) *leases backed-bonds* [Secção 14, (c)];

e) *revenue bonds* para suportar empréstimos escolares [Secção 15];

f) *double-barreld housing bonds* [Secção 16]; e, finalmente,

g) *special tax bonds* para a aquisição de direitos reais de propriedade para a construção de estradas assim como para a construção/manutenção de pontes [Secção 17][52].

Já os governos locais, *maxime* os condados, os municípios, os *school districts*, os *special districts* e os órgãos de governos locais com poderes tributários, poderão emitir obrigações, certificados de dívida e/ou quaisquer certificados de antecipação de receitas tributárias, reembolsáveis através de impostos *ad valorem*[53] e de maturidade superior a doze meses, desde que cumpridos os seguintes requisitos, previstos na Secção 12, do Artigo VII ("*Local bonds*"): "*to finance or refinance capital projects authorized by law and only when approved by vote of the electors who are owners of freeholds therein not wholly exempt from taxation; or to refund outstanding bonds and interests and redemption premium thereon at a lower net average interest cost rate*".

Assim, ainda que remetendo para legislação ordinária os limites à capacidade de endividamento, a Constituição da Florida dedica

---

[52] As categorias e características das várias emissões obrigacionistas serão objecto de análise no ponto 1.2, a).

[53] Tributos proporcionais ao valor do bem.

especial atenção à emissão de obrigações como meio de financiamento privilegiado das actividades do Estado e dos governos locais. É interessante verificar que a emissão de dívida obrigacionista, sempre que garantida pela boa fé, crédito e totalidade dos poderes tributários do Estado, ou quando suportada genérica ou especificamente por receitas tributárias (como sucede no caso das emissões de *local bonds*), exige o voto favorável dos eleitores do emitente, reforçando o princípio *"no taxation without representation"* e a fiscalização dos cidadãos sobre a qualidade e quantidade de despesa pública realizada ou a realizar. No entanto, estes referendos tributários podem ter efeitos perniciosos sobre o nível de endividamento (como sucederá segundo alguns, na Califórnia).

Por fim, analisemos o sistema constitucional da Califórnia, na sua dimensão financeira.

A **Constituição do Estado da Califórnia** dedica menos atenções às emissões de dívida obrigacionista, mas preocupa-se sobremaneira com o endividamento público, estadual e local, fixando limites concretos à capacidade de endividamento destes níveis de governo. É clara, assim, a influência que esta Constituição recebeu da tradição espanhola (*v.g.* a Constituição da Florida), mas também a recepção de influências experimentadas pelos seus Estados vizinhos da faixa oeste, paralelamente a preocupações de estabilidade orçamental facilmente explicadas pelo facto de se tratar da sexta área mais abastada do planeta.

Assim, enquanto o Artigo 13 B estabelece limites à arrecadação de receitas tributárias, em termos semelhantes às previsões do Artigo VII da Constituição da Florida, no Artigo 16, dedicado às finanças públicas, fixam-se desde logo limites ao endividamento estadual.

Dispõe a Secção 1 deste preceito: *"The Legislature shall not, in any manner create debt or debts, liability or liabilities, which shall, singly or in the aggregate with any previous debts or liabilities, exceed the sum of three hundred thousand dollars ($ 300,000), except in case of war to repel invasion or suppress insurrection, unless the same shall be authorized by law for some* *single object or work to be distinctly specified therein which law shall provide ways and means, exclusive of loans, for the payment of the interest of such debt or liability as it falls due, and also pay and discharge the principal of such debt or liability within 50 years of the time of the contracting thereof (...)".*

Neste sentido, a Secção 1.5. autoriza o poder legislativo a estabelecer um *"General Obligation Bond Proceeds Fund"*. As Secções 14 e 15 autorizam a emissão de *revenue bonds* para construção e instalação de equipamentos de protecção ambiental e energias alternativas.

No entanto, será na Secção 18 que encontraremos importantes prescrições em matéria de fixação de limites ao endividamento local, nos seguintes termos:

"No county, city, town, township, board of education, or school district, shall incur any indebtedness or liability in any manner or for any purpose exceeding in any year the income and revenue provided for such year, without the assent of two- -thirds of the voters of the public entity voting at an election to be held for that purpose, except that with respect to any such public entity which is authorized to incur indebtedness for public school purposes, any proposition for the incurrence in the form of general obligation bonds for the purpose or repairing, reconstructing or replacing public school buildings determined, in the manner prescribed by law, to be structurally unsafe for school use, shall be adopted upon the approval of a majority of the voters on the proposition at such election; nor unless before or at the time of incurring such indebtedness provisions shall be made for the collection of an annual tax sufficient to pay the interest on such indebtedness as it falls due, and to provide for a sinking fund for the payment of the principal thereof, on or before maturity, which shall not exceed forty years from the time of contracting the indebtedness".

Desta forma, a necessidade de maioria de dois terços dos votos (favoráveis) em eleição convocada para sujeitar a aprovação popular a realização de despesa pública extraordinária, é um traço comum entre os Textos Constitucionais analisados, excepção feita à Constituição do Estado do Minnesota, e que poderá ter interesse para os efeitos propostos na terceira e derradeira parte desta investigação. Aliás, a previsão constitucional da possibilidade de realização de referendos tributários para efeitos de definição de tectos de endividamento é um tema sobremaneira interessante. Na Califórnia, cujo défice orçamental é já um problema crónico, este tópico ganhou particular destaque em 2003, aquando da eleição antecipada do Governador, uma vez que muitos apontam a este esquema de autorização popular uma quota parte significativa de responsabilidade pelo estado das finanças californianas.

Vejamos agora como funciona o mercado de *municipal bonds* nos Estados Unidos da América.

1.2. As emissões e a dinâmica do mercado

a) A emissão de títulos — categorias e características

O mercado municipal norte-americano é decantado pelos diferentes tipos de infraestruturas e projectos a cujo financiamento consegue dar resposta. Tal celebridade deriva, de igual forma, da diversidade de títulos oferecidos aos investidores.

As finanças das obrigações municipais baseiam-se, essencialmente, em duas grandes categorias de títulos, com configurações e perfis distintos. Trate-se de *municipal bonds* (títulos de longo prazo) ou de *municipal short-term securities* (títulos de curto prazo), os dois grandes grupos a que se reconduzem são as *general obligation bonds* ou *GO bonds* (*GOs*) e as *revenue bonds*. Dentro destas categorias amplas, podemos depois identificar inúmeras variações na forma de titularização de dívida local.

As **GO bonds** são instrumentos de dívida emitidos contra a boa fé, crédito e capacidade de cobrar impostos. Os projectos financiados pelas *GOs* representam benefícios para o bem comum, e, portanto, são pagas através de impostos cobrados a todos os contribuintes da entidade local emissora. Pertencem à modalidade das *tax-supported bonds* e a sua característica essencial é, precisamente, a generalidade das receitas alocadas ao seu reembolso e, normalmente, a generalidade na posterior afectação dos empréstimos ao financiamento de projectos.

Podemos ainda encontrar uma distinção, dentro das *GOs* e da generalidade de receitas alocadas que lhes é característica.

Quando o poder de tributação do emitente que suporta o pagamento dos títulos não conhece limites, fala-se de *unlimited tax bonds*.

Caso exista uma limitação predefinida dos tributos alocados ao reembolso da dívida titulada, estamos perante *limited tax bonds*. O tecto pode ser fixado atendendo a uma taxa-limite ou a uma determinada quantidade de receita, e muitas vezes é a própria Constituição Estadual que especificamente fixa estes limites.

Quando não é possível a emissão de *GOs*, pela impossibilidade de fazer suportar essa emissão pela generalidade dos impostos arrecadados pela entidade emissora, surgem outras combinações de *tax--supported bonds*.

É o caso das *moral obligation bonds*, títulos avalizados por uma entidade governamental que não tem o dever legal de reembolsar a dívida. O aval governamental serva, a mais das vezes, para aumentar o crédito de agências emissoras de *revenue bonds*[54].

---

[54] Como explica Judy Wesalo Temel (*The fundamentals... Ob. cit.*, pág. 57), *"when revenues are insufficient to cover debt service, the debt service reserve fund is used to make the necessary payments. Such a fund usually holds six months to one year in principal and interest payments. The moral obligation mechanism then calls for notification to the legislature or other governing body to replenish the reserve fund before the next interest payment date, if the legislature so desires".*

Outro exemplo são as *Government credit-enhancement bonds*, no contexto de programas de substituição total ou parcial no reembolso do crédito, dever que assim passa de uma entidade orçamentalmente *fraca* para a esfera de uma entidade governamental *mais forte*. Estes títulos inserem-se em esquemas como os *state scholl bonds credit-enhancement programs*, e funcionam na seguinte lógica: o Estado retém auxílios devidos a *school districts* que não cumprem, ou seja esperado que não venha a cumprir, o pagamento do serviço da dívida, deslocando os montantes desses auxílios para o reembolso da dívida junto dos investidores[55].

Também suportadas por receitas tributárias são as *leases and appropriation-backed obligations*[56], as *special-purpose district bonds* ou *special-assessment bonds* — apenas aqueles que beneficiam directamente dos bens e serviços financiados pela emissão obrigacionista pagam impostos ou contribuições especiais para o reembolso das obrigações — assim como as *special-tax bonds* — que combinam a generalidade na cobrança do tributo, típica das *GOs*, com a especialidade do objecto do tributo — e as *tax-increment bonds* — utilizadas para financiar melhorias nas infraestruturas de áreas em desenvolvimento, e suportadas pelos impostos cobrados sobre o incremento do valor das propriedades nas áreas em causa.

---

[55] A mecânica destes programas varia de Estado para Estado. Em alguns casos o Estado avaliza directamente as *school district bonds*, que assim beneficiam do mesmo *rating* do Estado avaliador. Noutros, o mecanismo de intercepção de auxílios estaduais funciona como motor para o aumento do crédito das obrigações emitidas pelos *school districts*, que têm, aqui, um *rating* mais baixo do que o do Estado.

[56] Que poderão ser utilizadas quando o emitente está constitucionalmente proibido de emitir *GO bonds*, ou quando, sendo necessária a aprovação popular para a emissão de *GOs*, o voto favorável é improvável. A *Bond Market Association* explica este sistema: "*rental payments are made to the governmental entity, to a lessor for a specific asset, such as an office building or a school. The rental payments are derived from taxes or other revenues, and most municipal leases require an annual appropriation for principal and interest. This inherently makes them less creditworthy than GO bonds. The certificates of participation structure is widely used by governments to lease-backed financing property and equipment*" (Judy Wesalo Temel, *The Fundamentals...*, Ob. cit., pág. 57/58).

Por seu turno, as *revenue bonds* são suportadas por receitas específicas, perdendo-se a característica de generalidade das receitas alocadas ao reembolso das *GOs*[57]. Estas obrigações são usualmente emitidas para financiar a construção de equipamentos e infraestruturas específicas, como transportes, vias de comunicação (sendo destinadas ao pagamento do serviço de dívida as portagens cobradas, por exemplo), hospitais, universidades[58] e habitação social (*housing bonds*, emitidas por *Housing Finance Agencies*). Os preços e taxas de utilização desses serviços são destinados ao reembolso das *revenue bonds*.

Dentro desta categoria encontram-se as *Industrial Development bonds* (*IDBs*), emitidas por entidades locais para o financiamento de instalações, infraestruturas e equipamentos que são posteriormente arrendados ou concessionados a privados por uma renda igual ao serviço da dívida emitida e por um período igual ao período de maturidade das obrigações. As *IDBs* financiam a construção de aeroportos públicos, docas, redes de abastecimento de água, centros de reciclagem, centros de tratamento de resíduos sólidos, centrais eléctricas, etc.

Podem ainda ser emitidas as denominadas *double-barreled bonds*, uma categoria mista, que combina elementos das *GOs* e das

---

[57] O Banco Mundial, no âmbito do *Global Program on Capital Markets Development at the Subnational level*, utilizada outra classificação, diferente daquela que vigora nos EUA. Nesta linha: "*general obligation bonds — the sub- -sovereign issuer's "full faith and credit" secures debt service payments; project revenue bonds — these are secured by the anticipated revenues generated by the project being financed; dedicated revenue bonds — this offers a specified revenue stream not from the underlying project itself to pay the debt, such as revenues from oil, royalties, liquor taxes, or other dedicated resources*" (*Credit Ratings and Bond Issuing at the Subnational Level*, BIRD, 1999, pág. 3-11).

[58] As obrigações podem ser emitidas por Universidades e Estabelecimentos de Ensino Superior públicos, ou por Colégios e Universidades privadas através de autoridades para a construção de instalações educacionais, como é o caso da *Dormitory Authority of New York*, que emite *revenue bonds* em benefício da Universidade de Cornell, ou da *Connecticut Health and Educational Facility Authority*, em nome da Universidade de Yale. As emissões são sustentadas por propinas e outras receitas das instituições de ensino.

revenue bonds: são, por exemplo, suportadas ou garantidas pelas receitas de uma dada infraestrutura ou equipamento e adicionalmente, caso estas não sejam suficientes, pela boa fé e crédito do emitente.

Quanto aos títulos de dívida de curto prazo, podemos falar essencialmente de **notes** e de **tax-exempt commercial paper**, que se destinam essencialmente a cobrir o intervalo entre a realização de certas despesas e o momento em que as receitas provenientes dos impostos, empréstimos ou novas emissões obrigacionistas estão disponíveis. Dentro daquelas categorias, surgem um número imenso de combinações, como as *tax anticipation notes*, as *bond anticipation notes*, as *general obligation notes*, entre outras.

b) A dinâmica do mercado

Como já dissemos, o mercado norte-americano de obrigações emitidas por entidades estaduais e locais é o mais dinâmico e gerador de liquidez do mundo. Mais de cinquenta mil entidades estaduais/locais emitem dívida obrigacionista, o que corresponde a um volume de transacções diárias na ordem dos 13 milhões de dólares.

No entanto, a dinâmica do mercado tem vindo a sofrer alterações importantes. Por exemplo, nas duas últimas décadas assistimos à transição de um mercado de *GO Bonds* para um mercado de *revenue bonds*, representando hoje cerca de setenta por cento do volume de transacções.

O mercado primário, o mercado de colocação, apresenta uma dinâmica muito diferente face a outros valores mobiliários de rendimento fixo, pelo número significativo de pequenas emissões. As obrigações serão colocadas no mercado através de *negociated sales* ou de *competitive bids*, ou seja, por negociação ou por oferta pública, aberta à subscrição. Alguns tipos de *municipal bonds* são obrigatoriamente sujeitas a oferta pública, nomeadamente as *GOs*. Aqui, as transacções são dominadas sobretudo pelos investidores institucionais.

Quadro n.º 2
Volume médio de transacções diárias no
mercado de títulos municipais (1)
2000-2003 por trimestre
(milhões de dólares)

1.º trimestre de 2000	8,251.7
2.º trimestre de 2000	10,046.0
3.º trimestre de 2000	8,589.6
4.º trimestre de 2000	8,177.5
1.º trimestre de 2001	8,285.8
2.º trimestre de 2001	9,805.0
3.º trimestre de 2001	8,131.2
4.º trimestre de 2001	8,945.3
1.º trimestre de 2002	9,899.4
2.º trimestre de 2002	10,460.0
3.º trimestre de 2002	10,596.0
4.º trimestre de 2002	11,858.0
1.º trimestre de 2003	11,823.0
2.º trimestre de 2003	12,921.0

(1) Inclui transacções *dealer-to-dealer* e *customer-to-dealer*
Fonte: The Bond Market Association

É no mercado secundário que encontramos um volume de transacções espantoso. Os investidores não institucionais são responsáveis por uma margem muito apreciável das transacções. Aqui, têm lugar todas as transacções posteriores à colocação, garantido a transaccionabilidade das obrigações antes de atingido o seu período de maturidade.

As *municipal bonds* são negociadas no mercado *over the counter* (*OTC*), ou mercado de balcão, ou seja, "fora de bolsa", onde as transacções são efectuadas através de intermediários — os *market makers*, bancos, *dealers*, sociedades gestoras de fundos de pensões e sociedades gestoras de fundos de investimento mobiliários, que garantem a liquidez dos títulos, sendo possível efectuar junto deles uma oferta (*bid*) a qualquer altura.

Trata-se, portanto, de um mercado intermediado, onde se torna possível a celebração de negócios a preços mais favoráveis do que os preços consentidos pelos mercados bolsistas.

Inicialmente, os participantes no mercado *OTC* das *municipal securities* negociavam através de contacto vocal. Hoje, a interacção é essencialmente electrónica, funcionando como um mercado paralelo, com regras próprias e com o apoio de sistemas de informação bastante desenvolvidos.

No contexto do mercado de obrigações municipais norte-americano, os factores condicionantes e objecto de análise constante pelos participantes reconduzem-se, essencialmente, a quatro factores: os *spreads* do mercado, os *spreads* sectoriais, os *spreads* do crédito e as variações dos *ratings* dos títulos de dívida obrigacionista (cfr. Capítulo I, ponto 3.1.).

Por fim, enquanto elementos essenciais para o funcionamento do mercado, encontramos o *Municipal Securities Rulemaking Board* (*MSRB*) e a *Bond Market Association* (*BMA*).

O *MSRB* foi criado pelo Congresso em 1975 com a missão de desenvolver princípios e regras para a regulação dos agentes envolvidos na subscrição e transacção de obrigações municipais. Trata-se de uma entidade de supervisão independente, sujeita apenas à fiscalização do *SEC* (*Securities Exchange Committee*).

A *BMA* representa os interesses dos bancos, intermediários e sociedades financeiras participantes no mercado, responsáveis pela colocação e transacção dos títulos obrigacionista, quer no país quer no plano internacional.

c) Especificidades do sistema

Podemos identificar, de forma sintética, três especificidades do mercado de *municipal bonds* norte-americano, que explicam, em parte, a importância destes títulos no quadro do financiamento local nos Estados Unidos:

1.º Isenção de impostos

De acordo com a *Federal Income Tax Law*, os juros recebidos pela subscrição de um vasta categoria de *municipal bonds* estão isentos de impostos federais sobre o rendimento. Na maioria dos Estados, as obrigações emitidas por entidades locais desse estado estão também isentas de impostos estaduais e locais. Os juros das obrigações municipais emitidas pelos territórios e possessões norte--americanas estão totalmente isentos de impostos federais, estaduais e locais em todos os (cinquenta) estados. No entanto, nem todas as *municipal bonds* são isentas de impostos, existindo um mercado totalmente separado de emissões sujeitas a impostos federais, mas ainda assim oferecendo uma isenção estadual e muitas vezes local de impostos sobre os juros pagos a residentes do estado da entidade emissora. Alguns tipos de obrigações estão sujeitas ao *alternative minimum tax* (*AMT*), um sistema criado para prevenir que investidores privados e institucionais iludam o fisco através de isenções de rendimento bruto, créditos fiscais e deduções.

A origem histórica da isenção de impostos ao nível federal encontra-se numa decisão do Supremo Tribunal, de 1895. No caso *Pollock v. Farmer´s Loan and Trust Company* discutia-se a constitucionalidade do *Wilson — Gorman Tariff Act* de 1894, que impunha a cobrança de um imposto federal a certo tipo de rendimentos, onde se incluía os proveitos sobre as obrigações municipais, uma vez que a Constituição Federal (Artigo 1.º, Secção IX, 4), na versão de então, dispunha no sentido da vedação ao Congresso do poder de lançamento de quaisquer impostos directos, a não ser na proporção do recenseamento da população. O Tribunal, aplicou a doutrina da "imunidade fiscal intergovernamental"[59] aos títulos de dívida

---

[59] A doutrina da "imunidade fiscal intergovernamental" tem origem no famoso caso *McCulloch v. Maryland*, no âmbito do qual Justice Marshall´s proferiu a frase *"The power to tax involves the power to destroy"*, centrando-se na limitação dos poderes federais e estaduais de lançamento de impostos entre estes dois níveis de governo, sempre que tal lançamento constitua uma intromissão intolerável na soberania governamental.

local, declarou o *Wilson — Gorman Act* inconstitucional porque violador do princípio da proporcionalidade na distribuição dos impostos directos atendendo à população de cada Estado, decidindo ainda que os proveitos sobre as *municipal bonds* não estavam sujeitos a tributação federal, uma vez que um imposto sobre as mais-valias sobrecarregaria intoleravelmente o governo Estadual e interferiria com os seus poderes em matéria de contracção de empréstimos.

A decisão *Pollock* esteve na base da Décima Sexta Emenda Constitucional, que atribuiu competência ao Congresso para estruturar um imposto federal sobre o rendimento, desatendendo às questões da proporcionalidade na distribuição da carga fiscal entre Estados e da densidade populacional. Em 1913 os Estados ratificaram esta emenda, com a seguinte redacção:

> *"The Congress shall have the power to lay and collect taxes on income, from whatever source derived, without apportionment among the several states, and without regard to any census or enumeration"*[60].

A isenção fiscal sobre as obrigações municipais foi alvo de ataques constantes, desde então. O próprio Supremo Tribunal reexaminou o caso *Pollock* em 1988, no caso *South Carolina v. Baker*[61], anulando a imunidade das *municipal bonds* face a um imposto federal não discriminatório e pondo fim à ideia de que

---

[60] Ou, segundo a tradução de Nuno Rogeiro (*Constituição dos EUA, anotada e seguida de estudo sobre o sistema constitucional dos Estados Unidos*, Usis, Gradiva, 1993, pág. 73), *"O Congresso terá poderes para lançar e cobrar impostos sobre o rendimento, qualquer que seja a sua fonte, sem ser necessária a proporcionalidade entre os diversos estados e sem tomar em conta qualquer recenseamento ou contagem da população"*. O autor salienta que *"em 1894, o Congresso aprovou uma lei de imposto sobre o rendimento, mas o Supremo Tribunal declarou-a inconstitucional. Este aditamento autorizou o congresso a lançar este imposto"*.

[61] O Estado da Carolina do Sul contestou algumas normas do *Tax Equity and Fiscal Responsability Act* de 1982, que condicionavam a isenção fiscal das obrigações municipais à satisfação das exigências de registo das emissões.

esta imunidade tinha assento constitucional, deixando a questão na esfera da dinâmica legislativa.

Desde então, todas as leis fiscais federais, incluindo o *Internal Revenue Code*, alterado pelo *Tax Reform Act* de 1986, isentam as obrigações municipais de tal tributação, mas criam em torno desta restrição um leque cada vez mais apertado de restrições.

Em 1986 foram introduzidas novas restrições, nomeadamente em matéria de isenção fiscal sobre obrigações emitidas para financiamento de actividades privadas, as *Private Activity Bonds*, uma vez que o governo Federal não subsidia actividades que não representam um benefício público significativo.

Estas emissões obrigacionista são definidas como obrigações municipais, independentemente da finalidade da emissão ou da fonte de pagamento, desde que mais de dez por cento do produto da emissão se destine ao financiamento de património que venha a ser utilizado por entidades não-governamentais em actividades comerciais ou empresariais, e caso o pagamento do serviço da dívida em mais de dez por cento do produto da emissão seja garantido por património utilizado em comércio ou actividades empresariais privadas (*teste do uso para actividades empresariais privadas*) ou derivado de pagamentos relativos a património utilizado em comércio ou actividades empresariais privadas (*teste do pagamento privado*). As mais-valias sobre as *PABs* só estão isentas de imposto caso cumpram os critérios fixados para a sua qualificação como *qualified bond*.

É fácil perceber que muitas das obrigações que atrás designámos como pertencentes à categoria das *revenue bonds*, maxime as *IDBs*, poderão ser definidas como *PABs*. No entanto, a grande maioria das emissões de *IDBs* são classificadas, à luz do *Internal Revenue Code* (tal como modificado pelo *Tax Reform Act* de 1986) como *qualified bonds* e, como tal, isentas do imposto federal sobre o rendimento.

Exemplos de emissões que não recebem a classificação de *qualifield bonds* serão aquelas que se destinem ao financiamento de equipamentos desportivos locais ou o refinanciamento de planos de pensões de entidades locais cujo financiamento se revelou insuficiente.

Apesar desta evolução histórica, a verdade é que a poupança fiscal conseguida pelos investidores deste mercado é significativa, e um dos seus principais pólos de dinamização. Os investidores estão dispostos a aceitar uma rentabilidade menor, por comparação com o juro percebido pelo investimento em dívida obrigacionista de empresas privadas, devido às isenções fiscais — federais, estaduais e locais — de que beneficiam as *municipal bonds*.

Às restrições crescentes à isenção fiscal na legislação federal, os investidores têm reagido de forma positiva. Nos últimos anos, o mercado de *taxable municipal bonds* cresceu de forma extraordinária, correspondendo as emissões nesse período a uma liquidez de cerca de setenta e cinco biliões de dólares. Por um lado, a tributação ao nível federal convive com isenções fiscais estaduais e locais. E, por outro o rendimento oferecido pelas obrigações tributadas aproxima-se muito dos empréstimos obrigacionistas das sociedades comerciais.

2.º *Bond insurance*

As obrigações municipais podem ser "seguradas" junto de seguradoras ou *municipal bond insurers*, que garantem que a totalidade dos juros e o principal são pagos nos prazos definidos caso o emitente não possa cumprir tais obrigações atempadamente, conferindo segurança e fiabilidade à série emitida.

A *bond insurance* reduz os custos da emissão, garante um nível de segurança promotor de investimento e fornece uma liquidez melhorada e preços suportados no mercado secundário. Claro está que será a associação do *rating* da própria seguradora ao *rating* do emitente a produzir a valorização do crédito.

Lado a lado com este mecanismo de melhoria da qualidade do crédito, encontram-se as cartas de crédito bancárias, as linhas de crédito bancário e formas de valorização públicas, como as *Government credit-enhancement bonds*, de que já falámos.

3.º "Financiamento municipal estruturado"

Combinações entre os instrumentos de dívida convencionais e produtos derivados como os futuros, as opções e os *swaps*, permitindo uma mitigação do risco dos investidores e uma extensão positiva do mercado de dívida municipal.

Os derivados são, essencialmente, produtos financeiros cujo valor *deriva* de um título subjacente. No mercado de títulos isentos de tributação, transaccionam-se produtos derivados primários e produtos derivados secundários. Aqueles tem subjacente obrigações emitidas por entidades locais — é o caso dos *floaters* (*inverse floater bonds*), das obrigações com swaps incorporados ou das obrigações baseadas em índices de taxas de juro como o *The Bond Market Association´s swap index*. Os derivados secundários têm por base títulos que não são *directamente* emitidos por entidades estaduais ou locais.

2. Os *emprunts obligatiares* da França

2.1. Autonomia local e descentralização no sistema constitucional francês

a) A Constituição de 1958

A vida constitucional francesa tem sido, como se sabe, extremamente conturbada. De facto, a França experimentou catorze Constituições, e tem vivido *"em regimes de liberdade e de restrição de liberdade política, de concentração e de desconcentração do poder, de monarquia e de república, por mais de uma vez (...) As oscilações da história constitucional francesa traduzem também a prevalência ora de Montesquieu, ora de Rousseau, da doutrina e da mentalidade que se reconduzem a um ou outro grande pensador"*[62].

---

[62] Jorge Miranda, *Manual...*, Ob. cit., pág. 160 e 162.

Actualmente, vigora a Constituição de 1958, aprovada por referendo popular a 28 de Setembro, e revista em 1962, cuja característica predominante será o sistema presidencialista gaulista.

Não nos afastemos, no entanto, da questão da autonomia francesa no ordenamento constitucional francês. O Texto Constitucional de 1958 consagra, no artigo 72.º, o princípio da livre administração das autarquias locais por conselhos eleitos e nas condições prevista na lei. Esta referência à lei reclama a conjugação do preceito com o artigo 34.º, que atribui competência legislativa ao Parlamento em matéria de princípios fundamentais da livre administração autárquica, competências e recursos das autarquias locais.

Como salienta Cândido de Oliveira, "*estes princípios constitucionais foram entendidos pela doutrina largamente maioritária como constituindo a aceitação do entendimento tradicional da descentralização territorial cuja «pedra angular» continua a ser, na linha do pensamento de A. Tocqueville, a diferenciação dos interesses nacionais (gerais) e particulares (locais), respeitando os primeiros à centralização e cabendo os segundos no domínio da descentralização*". Continua o autor, afirmando que "*de um modo geral, os autores franceses consideram como elementos ou condições da descentralização territorial a personalidade jurídica das autarquias locais, o reconhecimento da existência de assuntos locais («affaires locales») e a gestão autónoma desses assuntos por órgãos que emanam da própria autarquia local, através de eleições*"[63].

Apesar da dignidade constitucional conferida à autonomia local, e do entendimento doutrinário geral, a verdade é que muitos pensadores admitiam a existência de uma tutela fortíssima, um controlo de legalidade mas também de mérito, na linha do direito positivo francês. Só em 1982, com a grande reforma de descentralização, ficou claramente delimitado o instituto da tutela, então restringido à tutela de legalidade.

---

[63] *Direito...*, *Ob. cit.*, pág. 76.

b) A *Lei Constitutional n.º 2003-276,* relativa à *"organisation décentralisée de la République"*

A revisão constitucional de 2003, recentemente aprovada, foi um processo algo conturbado, com início em meados de 2002 e finalizado a 28 de Março de 2003, percorrendo o Senado e a Assembleia Nacional — seguindo o trajecto normal de uma lei de revisão constitucional — e chegando, inclusive, ao Conselho Constitucional. Este, na *Décision n.º 2003-469,* de 26 de Março de 2003, declarou-se incompetente para conhecer do pedido, efectuado por um grupo de Senadores, de apreciação da constitucionalidade da versão definitiva da lei constitucional tal como aprovado pela Assembleia.

No entanto, a revisão constitucional foi aprovada e, com tais mudanças, o artigo 72 passa a ter a seguinte redacção:

" — *Les collectivités territoriales de la République sont les communes, les départements, les régions, les collectivités à statut particulier et les collectivités d'outre mer régis par l'article 74. Toute autre collectivité territoriale est créée par la loi, les cas échéant en lieu place d'une ou de plusieurs collectivités mentionnées au présent alinéa.*

— Les collectivités territoriales ont vocation à prendre les décisions pour l'ensemble des compétences qui peuvent le mieux être mises en œuvre à leur échelon.

— Dans les conditions prévues par la loi, ces collectivités s'administrent librement par des conseils élus et disposent d'un pouvoir réglementaire pour l'exercice de leurs compétences.

— Dans les conditions prévues par la loi organique, et sauf lorsque sont en cause les conditions essentielles d'exercice d'une liberté publique ou d'un droit constitutionnellement garanti, les collectivités territoriales ou leurs groupements peuvent, lorsque, selon le cas, la loi ou le règlement l'a prévu, déroger, à titre expérimental et pour un objet et une durée limités, aux dispositions législatives ou réglementaires qui régissent l'exercice de leurs compétences.

— Aucune collectivité territoriale ne peut exercer une tutelle sur une autre. Cependant, lorsque l'exercice d'une compétence nécessite le concours de plusieurs collectivités territoriales, la loi peut autoriser l'une d'entre elles ou un de leurs groupement à organiser les modalités de leur action commune.

— Dans les collectivités territoriales de la République, le représentant de l'État, représentant de chacun des membres du Gouvernement, a la charge des intérêts nationaux, du contrôle administratif et du respect des lois".

É, de igual forma, introduzido ao texto constitucional o artigo 72-1, que dispõe em matéria eleitoral e formas de participação dos eleitores, bem como o artigo 72-2, este de extrema relevância para a investigação que conduzimos, uma vez que trata das finanças das colectividades territoriais. Dispõe este preceito:

"— Les collectivités territoriales bénéficient de ressources dont elles peuvent disposer librement dans las conditions fixées par la loi.

— Elles peuvent recevoir tout ou partie du produit des impositions de toutes natures. La loi peut les autoriser à en fixer l'assiette et le taux dans les limites qu'elle détermine.

— Les recettes fiscales et les autres ressources propres des collectivités territoriales représentent, pour chaque catégorie de collectivité, une part déterminante de l'ensemble de leurs ressources. La loi organique fixe les conditions dans lesquelles cette règle est mise en oeuvre.

— Tout transfert de compétences entre l'État et les collectivités territoriales s'accompagne de l'attribution de ressources équivalentes à celles qui étaient consacrées à leur exercice. Toute création ou extension de compétences ayant pour conséquence d'augmenter les dépenses des collectivités territoriales est accompagnée de ressources déterminées par la loi.

— La loi prévoit des dispositifs de péréquation destinés à favoriser l'égalité entre les collectivités territoriales".

II – Direito comparado

Estes preceitos são peças fundamentais do edifício autárquico francês, sendo as demais alterações e introduções relativas às colectividades territoriais do território não europeu da França.

Apesar de importante, esta revisão constitucional francesa tem sido muito criticada, especialmente em matéria de finanças locais. No contexto do debate sobre o projecto de lei das finanças para 2003, o senador Claude Haut afirmou que *"la révision constitutionnelle en cours n'est pour l'instant qu'une coquille vide qui ne rencontre aucun écho parmi les Français, tant elle est peut claire et sans contenu. En revanche, le budget pour 2003 est quant à lui parfaitement clair: il est très défavorable aux collectivités locales (...) A l'évidence le Gouvernement cherche á transférer le déficit de l'État aux collectivités locales, ainsi que l'impopularité liée à l'impôt. La décentralisation sera-te-elle le moyen pour le Gouvernement de tenir ses promesses en matière de baisses d'impôts? Les spécialistes des finances locales anticipent tous avec lucidité une explosion de la pression fiscale locale, parallèlement à la baisse des impôts de l'État"*[64].

Tais críticas prendem-se porventura com o facto de, pelo sétimo ano consecutivo, o exercício orçamental de 2003 traduzir-se numa contribuição positiva das administrações públicas locais para o saldo das administrações públicas. Depois de atingir os 0,3 por cento do PIB em 1999, o excedente orçamental da administração local estabilizou nos 0,2 por cento do PIB em 2000 e 2001. Deverá representar 0,15 por cento do PIB em 2002 e 2003 o que, atendendo à curva descendente leva já alguns a falar de um excedente orçamental frágil.

---

[64] Os Diários estão disponíveis no sítio do Senado Francês.

Quadro n.º 3
As Administrações Públicas Locais
e as finanças públicas

	1997	1999	2001
Contributo percentual das Administrações Públicas Locais (APUL) no total das receitas	12,67	12,31	11,33
Percentagem das despesas das APUL no total das despesas das Administrações Públicas	18,0	18,6	19,1
Percentagem do endividamento das APUL no total da dívida das Administrações Públicas	14,3	13,4	13,2

Fonte: *Les finances locales en 2002, rapport de l'observatoire des finances locales, juillet 2002*

A grande introdução constitucional da revisão de 2003 prende--se com a *"expérimentation par les collectivités locales"*. O artigo 72-4, consagrou esta inovação, depois concretizada no *Code Général des Collectivités Territoriales* (CGCT). O artigo 1.º (L.O.1113-1 a L.O. 1113-7), do novo Capítulo III do Título Único do Livro Primeiro da Primeira Parte, concretiza aquela disposição constitucional, determinando as condições em que as colectividades territoriais estão habilitadas, por lei ou regulamento, a derrogar a título experimental disposições legislativas ou regulamentares que rejam o exercício das suas competências.

2.2. Organização administrativa do território

A reforma da administração local, operada pela Lei de 2 de Março de 1982, introduziu um modelo de organização administrativa local que ficou conhecido por "descentralização territorial". *"Entendia-se que deviam ser descentralizadas aquelas atribuições que, por respeitarem a assuntos locais, estavam indevidamente a ser exercidas pelo poder central, mas continuou indiscutida a ideia de que ao Estado cabia a administração dos assuntos nacionais, considerando-se como tais aqueles que o Estado entendia deverem ser objecto de um tratamento igual para todo o território estadual e foi-se criando um aparelho de administração pública estadual que, frequentemente, utilizava as autarquias locais, atribuindo-lhes por delegação o exercício de poderes administrativos e servindo-lhes dos órgãos destas, particularmente do «Maire», como agentes do Estado"*[65].

Assim, a descentralização de 1982 institui um novo nível de autarquias locais, as regiões, que a par com as pré-existentes comunas e departamentos formam hoje a administração local. Em rigor, as regiões foram criadas em 1972, então como institutos públicos integrados na administração desconcentrada do Estado. A sua "transferência" para a administração descentralizada não provocou qualquer alteração da divisão territorial existente.

Deste modo, a França é, actualmente, o único Estado da União Europeia com um sistema autárquico de três níveis, extremamente complexo e de grandes dimensões: são vinte e duas regiões existentes no território europeu da França, mais a Córsega, que em 1991 viu reconhecido um estatuto particular mas que a coloca, no quadro da administração, ao nível das regiões; cerca de cem departamentos, nível onde se enquadram os quatro departamentos *d'Outre-mer* — Martinica, Guadalupe, Reunião e Guiana Francesa — com estatuto regional e, ainda quatro territórios ultramarinos — Nova-Caledónia, Polinésia Francesa, Wallis e Furtuna e Territórios Austrais e Antárcticos — que possuem uma organização especial; e cerca de trinta e seis mil e oitocentas comunas, das quais dezanove têm estatutos particulares (Paris incluindo)[66], e, adicionalmente, duas autarquias ultramarinas com estatuto especial — Mayotte e Saint-Pierre-et--Miquelon. Finalmente, cumpre referir as associações de cooperação intercomunal que, com competências e recursos financeiros próprios, são cerca de vinte mil.

---

[65] Cândido de Oliveira, *Direito...*, Ob. cit., pág. 78.

[66] Dispõe o artigo L.2511-1, do *Code Général des Collectivités Locales* (CGCT): *"Les communes de Paris, Marseille et Lyon sont soumises aux règles applicables aux communes, sous réserve des dispositions du présent titre et des autres dispositions législatives qui leur sont propres"*.

Nesta teia complexa da administração local francesa, o CGCT estabelece, no artigo L.1111-3 que *"la répartition de compétences entre les communes, les départements et les régions ne peut autoriser l'une de ces collectivités à établir ou exercer une tutelle, sous quelque forme que ce soit, sur une autre d'entre elles"*, impossibilitando a dependência estatutária ou funcional de uma autarquia em relação à outra. A revisão constitucional de 2003 concedeu tutela constitucional a este normativo, como já vimos.

Apesar da ausência de relações tutelares nas relações entre os vários níveis autárquicos, o CGCT a par com outras leis especiais do pacote de leis de descentralização dos anos oitenta, prevê uma série de mecanismos de cooperação obrigatória, *maxime* em matéria de co-financiamento das políticas de desenvolvimento regional, de formação profissional e de investimento em equipamentos públicos. Em consequência, *"a contratualização destas formas de cooperação e as formas particulares de co-financiamento a que deram lugar conferem às regiões um poder de influência sobre as outras autarquias locais que ultrapassa em muito o seu peso relativo em termos de competências e de recursos humanos e financeiros"*[67]. Efectivamente, dois terços das despesas totais das regiões são despesas de investimento, metade das quais em co-financiamentos de projectos e programas de investimento contratualizados com autarquias de nível inferior. É o caso da região de *Ile-de-France*, localizada em redor de Paris e que, nos termos dos artigo L.2531-1 e seguintes do CGCT, possui competências adicionais na definição e execução de políticas de solos, de urbanismo e de transportes públicos. Para cobrir as despesas relativas a tais competências, dispõe a região de receitas fiscais suplementares.

No entanto, este poder de influência das regiões sobre os departamentos e comunas, acaba por ser matizado pelo próprio esquema de eleição dos conselhos regionais, que se efectua no quadro dos departamentos, estando os partidos políticos estruturados a este nível. Conclui, então, Mário Rui Martins que *"os conselhos regio-*

---

[67] Mário Rui Martins, *As Autarquias...*, Ob. cit., pág. 35.

nais são, em grande medida, uma resultante da situação política a nível dos departamentos. Este facto é reforçado pela prática generalizada da acumulação de mandatos eleitorais em autarquias de diferentes níveis, o que faz com que um grande número de membros dos conselhos regionais ocupe igualmente funções nos órgãos deliberativos ou executivos dos departamentos ou comunas"[68].

A par destas formas contratuais de cooperação e co-financiamento entre regiões, departamentos e comunas, outra forma de colaboração inter-autarquias tem conhecido particular destaque no seio do direito autárquico francês (nem sempre pelas melhores razões): a *intercommunalité* ou cooperação intercomunal.

A *intercommunalité* foi criada pela *Loi d'orientation du 6 février 1992*, desenhada com o objectivo de promover o desenvolvimento territorial de forma harmonizada, um espaço de solidariedade, de contratuzalização e de diálogo entre comunas, uma vez que *"le développement du territoire se faisant au sein d'un territoire géographiquement et économiquement cohérent, celui de l'établissement public de coopération intercommunale, échelon où la compétence appartient en propre à la sphère communale et par délégation au groupement"*[69]. A *intercommunalité* é financiada essencialmente pela *taxe professionnelle unique*, um imposto sobre a massa salarial, cuja taxa é fixada pelas comunas, dentro de certos limites, criado em 1992 a par com as formas de cooperação intercomunais, sendo o seu enquadramento institucional os *établissements publics de coopération intercommunale*.

Apesar do sucesso desta forma de cooperação entre comunas e de, como acima referimos, existirem hoje cerca de vinte mil *établissements publics de coopération intercommunale*, a verdade é que a *intercommunalité* está a passar por momentos difíceis, face à erosão quase total do imposto que serve de base ao seu finan-

---

[68] *Idem...*, pág. 35.
[69] Marie-Christine Bernard-Gélabert, "Quel avenir pour l'intercommunalité? ", *Revue Française de Finances Publiques, Vingt ans...*, Ob. cit., pág. 249.

ciamento. Debate-se actualmente a eventual supressão, parcial ou total, da *taxe professionalle* e a sua substituição por dotações do Estado.

A versão original da lei constitucional de 2003 era omissa quanto à *intercommunalité* e suas formas de financiamento. A doutrina, no entanto, entendia que *"l'avenir de l'intercommunalité est d'abord indissociable d'une réforme fiscale fondée sur la reconquête d'une fiscalité intercommunale locale, ce que est différent d'un partage avec l'État d'une fiscalité nationale"*[70].

2.3. Os *emprunts obligataires* no quadro do financiamento local

Agora que entrámos no universo autárquico-organizado da França, podemos analisar o seu sistema de financiamento e, sobretudo, a possibilidade de emissões obrigacionistas para financiamento das suas actividades.

O quadro de receitas autárquicas francesas em tudo se aproxima do quadro que na primeira parte deste estudo apresentámos para as autarquias portuguesas, baseando-se essencialmente em impostos, taxas, tarifas e preços, transferências do Estado e empréstimos.

Em relação aos *emprunts obligataires* franceses, e de forma sintética, a lógica francesa apresenta a mesma matriz da nossa Lei das Finanças Locais: habilitam-se, legalmente, as autarquias a recorrer ao crédito, regulando-se depois as especificidades de cada uma das modalidades de recurso cujo acesso lhes é permitido: empréstimos e aberturas de crédito junto da banca, emissão de obrigações e celebração de contratos de locação financeira[71].

---

[70] *Idem...*, pág. 253.

[71] A clausula geral de habilitação encontra-se no artigo L. 1611-3 do CGCT: *"La réalisation d'emprunts par voie de souscription publique est soumise à autorisation dans les conditions prévues par l'article 82 de la loi n° 46-2914 du 23 décembre 1946 portant ouverture de crédits provisoires, complété par l'article 42 de la loi n° 53-80 du 7 février 1953"*. O artigo L.2336-1 dispõe que

II – Direito comparado

A descentralização de 1982 conduziu a uma evolução sensível do modo de financiamento dos investimentos públicos locais. A modernização dos mercados financeiros, encetada em 1985-86, conduziu a uma certa desintermediação do financiamento, tendo levado ao desaparecimento progressivo dos empréstimos bonificados. O financiamento das colectividades locais opera-se hoje num contexto completamente concorrencial e banalizado. Como salienta Philippe Laurent, *"le changement complet de l'environnement économique et financier, avec la forte diminuition de l'inflation, l'écart énorme entre le taux d'inflation et celui des emprunts, la disparition de fait des emprunts à taux privilégiés, a placé les collectivités locales dans l'univers nouveau de concurrence"* [72]. Consequentemente, as fórmulas de financiamento diversificaram-se, aproximando-se progressivamente das fórmulas praticadas no sector privado.

Neste quadro, os *emprunts obligataires* ou empréstimos obrigacionistas desenvolvem-se nos termos definidos para contracção dos empréstimos em geral — sendo a regra, ainda, o recurso ao crédito bancário — com algumas especificidades.

Assim, a Lei n.º 83-1 de 3 de Janeiro de 1983 relativa ao desenvolvimento dos investimentos e protecção da poupança, codificada

---

"le ministre chargé de l'économie et des finances peut, en dehors de dispositions législatives spéciales, consentir aux communes, en cas d'insuffisance momentanée de la trésorerie de ces dernières, des avances imputables sur les ressources du Trésor dans la limite d'un montant maximum fixé chaque année par la loi de finances. Un décret en Conseil d'Etat détermine les conditions et les limites dans lesquelles ces avances peuvent être consenties"; por seu turno, o artigo L.2336-2 estabelece que *"le ministre chargé de l'économie et des finances est autorisé à accorder des avances aux communes et aux établissements publics communaux qui décident de contracter un emprunt à moyen ou long terme. Les avances sont remboursées sur le produit de l'emprunt à réaliser et portent intérêt au taux de cet emprunt (Loi nº 99-1126 du 28 décembre 1999 art. 11 I Journal Officiel du 29 décembre 1999) Les communes peuvent recourir à l'emprunt sous réserve des dispositions des articles L. 1611-3"*.

[72] "Fonction financière: une profunde mutation", *Reveu Française...*, pág. 130.

através do *Code Monétaire et Financier* fixou as modalidades de informação ao público aplicáveis aos empréstimos obrigacionistas das entidades locais. O procedimento autorizativo e de emissão encontra-se previsto no *Code General des Collectivités Locales*.

As entidades locais estão habilitadas a emitir empréstimos obrigacionistas no estrangeiro, desde que obedeçam às condições impostas para a emissão de qualquer obrigação municipal.

A Lei n.º 2001-420 de 15 de Maio relativa às novas regulações económicas (NRE), completa o artigo L. 213-3 do *Code Monétaire e Financier*, e autoriza as colectividades locais a emitir *titres de creánce négociables* (TNT) ou títulos de crédito negociáveis: os *certificats de dépôst*, os *billets de trésorerie,* os *bons à moyen terme négociables*.

Apesar da possibilidade legal de emissão de *emprunts obligataires* pelas colectividades locais francesas estar legalmente consagrada há algumas décadas, e de esta ser, inclusive, uma prática financeira muito antiga, só muito recentemente, em 1993, é que as autarquias francesas retomaram as emissões obrigacionistas. O quadro abaixo exposto sumaria numericamente esta ideia.

Quadro n.º 4
Principais colectividades locais
financiadas no mercado
1992-1998

Colectividade Local	Número de emissões	Volume Total *
Região Ile-de-France	12	7 150
Ville de Paris	5	3 568
Departamento de Hauts-de-Seine	6	3 294
Ville de Lille	3	1 000
Departamento de L'Essonne	3	944

* Ainda em milhões de francos
Fonte: Observatoire FICOS de la notation et des émissions obligataires des collectivités locales

II – Direito comparado

3. O financiamento municipal na Alemanha: as *Pfandbriefs*

3.1. O sistema constitucional germânico e a autonomia local

O sistema germânico apresenta particularidades próprias de um Estado Federal congregador de experiências socioculturais muito distintas da norte-americana, experiências que têm tradução directa no seu sistema bancário, no mercado de capitais — onde as obrigações, emitidas por entidades públicas e privadas detêm uma quota de mercado muito importante — e, naturalmente, na organização administrativa do território e no financiamento das autarquias locais.

A Constituição de Bona confere, no artigo 28.º, n.º 2, dignidade e tutela constitucional à autonomia local, ao estabelecer que *"aos municípios deve ser garantido o direito de regular, sob a sua própria responsabilidade, todos os assuntos da comunidade local no âmbito das leis"*.

Apesar da aparente amplitude da esfera de protecção da norma, a interpretação doutrinária e jurisprudêncial tem entendido que esta cláusula apenas estabelece uma garantia institucional, e não um direito fundamental, um direito subjectivo das autarquias locais, na esteira de Carl Scmitt[73].

Se, quanto à natureza do preceito, a doutrina e a jurisprudência têm adoptado uma posição restritiva, já quanto ao conteúdo da autonomia local o consenso alcançado parece resultar numa vasta extensão de atribuições, competências e recursos às autarquias. No essencial, e com Cândido de Oliveira, *"a garantia institucional da autonomia local, entendida no sentido clássico, está centrada à volta da ideia de administração por órgãos democraticamente eleitos pelos munícipes dos assuntos da comunidade local (assuntos locais), sob responsabilidade própria, isto é, utilizando um conjunto*

---

[73] Este tópico já mereceu a nossa atenção e desenvolvimento no ponto 2.1., da parte I deste estudo.

de poderes que lhes permitem tomar deliberações ou decisões sem estar na dependência da administração do Estado. Esta autonomia está ainda assegurada pela limitação da tutela administrativa à observância da legalidade[74].

A responsabilidade própria na administração efectiva-se através de órgãos livremente escolhidos pela comunidade local — tal como o artigo 28.º, n.º 1, da Lei Fundamental exige — assim como pela existência efectiva de um conjunto de *Honeit*[75], ou poderes que dêem expressão à livre administração dos assuntos locais, nomeadamente: o poder de organização (*Organisationshoheit*), o poder sobre o pessoal (*Personalhoheit*), o poder financeiro (*Finanzhohiet*) — que se traduz na existência de recursos financeiros suficientes para pôr cobro às despesas na prossecução das tarefas locais —, o poder de planeamento (*Planungshoheit*), o poder sobre o território (*Gebietshoheit*), e o poder regulamentar (*Rechtsetzungshoheit*).

3.2. Organização administrativa do território

Assim, a *Grundgesetz* não estabelece qualquer regra em matéria de organização local do território, fixando apenas a definição e alteração de fronteiras estaduais (artigo 29).

Tal omissão compreende-se pelo facto de entender-se que *"os municípios (Gemeinden) bem como as demais pessoas colectivas territoriais dotadas de autonomia (LandKreisen) fazem parte da estrutura organizatória do Estado Federado (Land)"*[76]. Desta forma,

---

[74] *Direito...*, Ob. cit., pág. 116.

[75] A tradução directa da expressão resultaria no termo "soberania", parecendo ser mais adequado ao contexto, na nossa língua, o termo "poder".

[76] Cândido de Oliveira,... Ob. cit., pág. 116. A reunificação deu origem a cinco novos *Länder*, no território da antiga República Democrática da Alemanha, uma vez que, como salienta Jorge Miranda, deu-se *"a extensão da República Federal aos cinco Länder correspondentes à República Democrática, nos termos do artigo 23.º da sua Constituição (e não do artigo 146.º, que implicaria uma assembleia constituinte). A Constituição de Bona, porque provisória, deveria*

serão os *Länder* a definir a divisão e organização do seu território, sendo que esta matéria apresenta enormes variações entre os diversos Estados federados, tendo sido *"objecto de grandes modificações na parte correspondente à ex-República Democrática Alemã, no quadro de reunificação alemã posterior à queda do muro de Berlim"*[77]. Esta diversidade tem origens históricas, reflectindo o impacto dos antigos Estados assim como a influência das forças ocupantes no pós Segunda Guerra Mundial.

No essencial, estamos perante um sistema de autarquias misto de dois níveis. Dentro dos dezasseis *Länder* encontramos quatrocentas e trinta e nove autarquias intermédias, os distritos, e catorze mil quinhentas e sessenta e um municípios, cento e catorze dos quais com estatuto especial.

Nos termos do princípio da universalidade, consagrado no artigo 28.º da Lei Fundamental de Bona, os municípios dispõe de uma garantia de competência sobre todos os assuntos da comunidade local, sobre estas autarquias recairão todas as tarefas que mereçam o qualificativo de *alle Angelegenheiten*. Aos distritos caberá actuar subsidiariamente, quando as tarefas em causa excedam a capacidade de resposta dos municípios. Esta lógica de proximidade da comunidade — competência faz dos distritos entidades regionais e simultaneamente "associações" de municípios, respondendo às necessidades das colectividades à luz da dialéctica de prioridade da competência municipal[78].

No entanto, este nível de simplificação não se compadece com a realidade complexa desta estrutura organizatória. Como aponta Mário Rui Martins, *"cento e catorze cidades (Kreisfrei Stadt) acumulam atribuições municipais com as que geralmente competem ás*

---

cessar com a unificação. Mas foi modificada — inclusive no preâmbulo de modo a subsistir como definitiva" (*Manual...*, Ob. cit., pág. 205).

[77] Mário Rui Martins,... Ob. cit., pág. 27.

[78] Aliás, como refere Cândido de Oliveira (*Direito..., Ob. cit.*, pág. 117), *"em princípio, os Länder não dispõe de serviços próprios para execução das tarefas administrativas a nível local, sendo tais tarefas executadas pelos entes locais por delegação"*.

autarquias intermédias (...) Em certos Länder existem igualmente associações, quer de municípios, quer de autarquias intermédias, com atribuições diversas, nomeadamente no domínio dos transportes públicos ou das questões sociais (por exemplo, no Nordrheim-Westfalen e no Baden-Wütemberg, respectivamente). Nas cidades--Estado de Berlim e Hamburgo existem autarquias intermédias (vinte e três e sete, respectivamente), enquanto que a cidade-Estado de Bremen comporta dois municípios autónomos. Existem associações de municípios e, em alguns casos, de autarquias intermédias, nas áreas metropolitanas de Estugarda (Baden-Wütemberg), de Frankfurt (Hessen), de Hannnover e Brunswick (Nieder-Sachsen), do Rühr (Nordrheim-Westfalen) e de Säabrucken (Saarland)"[79].

3.3. O financiamento municipal — as *Pfandbriefe* como especificidade do sistema

As fontes de financiamento dos municípios alemães não de afastam muito do esquema de financiamento português. Essencialmente, receitas tributárias (impostos, taxas, contribuições, preços e tarifas) e transferências dos *Länder* e empréstimos, contraídos no circuito bancário ou no mercado de capitais, pela emissão de obrigações.

Em 1994, dezanove por cento do total dos recursos financeiros dos municípios alemães provinham da cobrança de impostos locais exclusivos; dezasseis por cento das taxas e tarifas arrecadadas; quarenta e cinco por cento correspondia às transferências dos Estados; e apenas nove por cento tinha origem na contracção de empréstimos, sendo os restantes onze por cento provenientes de fontes diversas que, individualmente consideradas seriam pouco significativas. O

---

[79] Dentro desta teia de estruturas e entidades, é possível, posteriormente, reconduzir os vários municípios a quatro tipos de estrutura orgânica: a estrutura de *Magistrat* (utilizada, por exemplo, no *Länder* de Hesse), a estrutura de *Mayoral* (que se encontra em Rhineland-Palatine), a estrutura típica do Norte da Alemanha (Baixa Saxónia) e a estrutura orgânica tipicamente encontrada no Sul da Alemanha, na Baviera e em alguns dos *Länder* da antiga RDA.

cenário alterou-se, ao ritmo da integração económica e monetária e a necessidade de cumprir os critérios de contenção da despesa para efeitos de défice público, do PEC[80]. Assim, o recurso ao crédito requer aprovação em termos do montante anual inscrito no orçamento das autarquias, bem como caso a caso.

Assim, o peso das transferências estaduais diminui, enquanto que a dívida obrigacionista emitida apresenta hoje um peso percentual mais significativo[81].

A grande especificidade do mercado municipal de capitais alemão são as emissões obrigacionistas cobertas por hipotecas e as obrigações municipais, ambas conhecidas como *Pfandbriefe*. Trata--se, nos dois casos, de obrigações cobertas por activos.

Estas emissões gozam de grande popularidade, não só na Alemanha mas também, dado o sucesso ali conseguido, em vários outros países europeus que importaram o modelo, nomeadamente a Austria, o Luxemburgo, a Suiça, a Suécia, a Espanha e a França. No entanto, a liquidez gerada pelas emissões de *Pfandbrief* nestes países é infima, quando comparada com os volumes das emissões germânicas. Aqui, cerca de trinta e oito por cento dos emitentes têm um *rating* AAA, e o rendimento obtido pelo investimento nestes títulos pode mesmo ser superior ao rendimento permitido pelas obrigações dos *Länder* e da Federação, sendo o risco das *Pfandbrief* relativamente inferior.

---

[80] Sendo certo que, se nos é permitido o apontamento, a Alemanha não se tem revelado uma exemplar cumpridora dos critérios que, apesar de todas as críticas que lhes possam ser lançadas, defende.

[81] Sendo que não tivemos acesso a números concretos, mas a cálculos não definitivos.

Quadro n.º 5
Emissões de *Pfandbrief*
por país
(em biliões de euros)

País	Segundo Trimestre 2002	Segundo Trimestre 2003	Alteração
Alemanha	90.84	123.93	33.09
Austria	0.08	0.77	0.68
França	6.32	9.76	3.44
Luxemburgo	2.73	2.14	-0.59
Suiça	1.62	1.84	0.22
Suécia	—	0.13	—
Espanha	2.50	14.25	11.75

Fonte: Dealogic Bondware

As emissões obrigacionistas cobertas por hipotecas têm por emitente, a mais das vezes, *"Mortgage banks"*. Estas entidades são associações mutuárias e/ou associações de construção, com o estatuto de entidades locais de direito público, que aceitam as poupanças de pessoas que pretendem construir ou comprar habitação própria, concedendo-lhes empréstimos para esse propósito quando uma certa percentagem do total do contrato de construção ou de compra já tenha sido depositada. Para financiar esta actividade de apoio à aquisição/construção de habitações próprias, encarada como tarefa pública, estas associações emitem títulos de dívida — as *Pfandbrief*.

Estas emissões assemelham-se na sua estrutura e natureza às *housing bonds* norte-americanas (pertencentes à categoria das *revenue bonds*) que, como já foi dito, são títulos de dívida emitidos por agências federais com o intuito de financiar o crédito à habitação. Já as *Pfandbrief* emitidas pelos municípios aproximam-se estruturalmente das *mortage-backed bonds*, também emitidas pelos governos locais dos Estados Unidos.

4. O *Global Program on Capital Markets Development at the Subnational Level* do Banco Mundial: os países da América Latina e da Europa de Leste — breve referência

O *Global Program on Capital Markets Development at the Subnational Level*, lançado em Janeiro de 1998, tem como principal objectivo a análise das características e complexidades em torno do acesso das entidades infra-estaduais ao mercado de capitais, sobretudo como forma de financiamento, concentrando atenções na América Latina, Europa de Leste e nos(outros) países em desenvolvimento. É fruto da colaboração entre o Banco Mundial, através dos seus vários departamentos, e vários parceiros públicos e privados: a *SIPA— School of International and Public Affairs, Columbia University*, a *Moody´s Investors Service*, a *DEVFIN Advisores*, a *Dexia* e a *Merrill Lynch*, nomeadamente.

O programa engloba quatro componentes:
1. o relatório sobre os *"study cases"* da América Latina;
2. conferências de análise e divulgação das experiências regionais;
3. *training workshops* e um *training manual* relativos ao *rating* e emissão de obrigações por entidades infra-estaduais (*Credit rating and bond issuing at the subnational level*), que teve início em 1999;
4. lançamento de uma série de "Estratégias de Desenvolvimento de Cidades" — *CFS — City Financing Strategies* — seleccionadas caso a caso, e que se focam nos seguintes aspectos: (a) capacidade institucional de construção da cidade; (b) modernização dos sistemas de gestão financeira; (c) melhoria da gestão da dívida e das políticas de empréstimos; (d) acordos Intergovernamentais, ao nível dos vários níveis de governo do país; e (e) melhoria da imagem e do crédito merecido pelas cidades.

Assim, o *Global Programme* das Nações Unidas relaciona directamente a questão do financiamento através de emissões obrigacionistas com o desenvolvimento e infraestruturas urbanas. O au-

72 — Obrigações Municipais

mento da pressão demográfica altera a configuração funcional das cidades e aumenta significativamente as necessidades locais. O mundo é um lugar cada vez mais urbanizado. Segundo estimativas do Banco Mundial, em 1997 cerca de 46 % dos 5.8 biliões de habitantes da Terra viviam em cidades. Na próxima geração, prevê-se que a população urbana mundial seja duas vezes superior à população rural.

Quadro n.º 6
Urbanização Mundial
1980-1997

População Urbana, 1980 População Urbana, 1997 1980-1997

Zona	Número (em milhões)	% urbanização	Número (em milhões)	% urbanização	Aumento da população (m)
América Latina e Caraíbas	233	65	366	74	133
Europa e Ásia Central	248	58	230	68	72
Médio Oriente e Norte de África	84	48	164	58	80
Sudoeste Asiático	198	22	348	27	150
Nordeste Asiático	285	21	578	33	293
África Sub-Sahara	87	23	196	32	109
Mundo em desenvolvimento	1,135	32	1,972	38	837
Mundo desenvolvido	619	75	722	78	103
Mundo	1,754	39	2,694	44	940

Fonte: Shahid Javed Burki, *Challenges of Rapid Urbanization: Local Strategies to Access Financial Markets*", World Bank, First Conference on Capital Markets Development at the Subnational Level, 26-29 October, 1998, Santander, Espanha, p. 6.

A tendência verificada no sentido da crescente urbanização mundial traduz-se, essencialmente, na pressão sobre as infra-estruturas e sistemas locais. Este movimento tendencial pode observar-se sobre dois prismas: 1) a desigualdade no acesso a infra-estruturas básicas, como o saneamento; 2) o crescendo das responsabilidades dos governos locais, mais próximos das populações e das suas necessidades essenciais e portanto melhor habilitados para garanti-las, e a quem os governos nacionais atribuem cada vez mais competências nesta matéria.

Uma vez que este movimento de urbanização não apresenta uma homogeneidade temporal, podemos identificar três grupos de emitentes de obrigações municipais como forma de financiar tais responsabilidades locais:

1) Os países mais desenvolvidos, caso paradigmático dos Estados Unidos da América, que desde 1812 utilizam as obrigações municipais como forma de financiamento de projectos de urbanização;

2) Países desenvolvidos que, por tradição jurídico-cultural, privilegiaram até agora o financiamento através de receitas tributárias e o crédito intermediado, e que, no cenário de corrosão drástica das receitas "tradicionais", recorrem com fervor ao financiamento dentro do mercado. Assiste-se a esta situação de forma nítida nos municípios da Alemanha e em alguns municípios franceses. Pese embora estejamos a falar de países com tradição longa na emissão de títulos de dívida, em Março de 2003 a *"Business Week"* noticiava os défices estrondosos de várias cidades europeias, face à retracção das economias e consequente diminuição das receitas de imposto sobre o rendimento das pessoas colectivas (base significativa das finanças locais).

3) Países em desenvolvimento e países cujas economias passaram, recentemente, por um período de transição para o capitalismo — as necessidades de criação, recuperação e manutenção de infra-estruturas básicas de urbanização e de acesso "universal" ao essas infra-estruturas, associado à fraca capacidade de gerar rendimentos "tributáveis" faz das

obrigações emitidas pelas entidades infra-estaduais destes países uma importantíssima forma de financiamento local, em especial quando as emissões se dirigem primacialmente aos mercados de capitais estrangeiros.

III
O mercado obrigacionista municipal
em Portugal

> *"A fim de financiar as suas próprias despesas de investi-*
> *mento, as autarquias locais devem ter acesso, nos termos*
> *da lei, ao mercado nacional de capitais"*
> Artigo 9.º, n.º 8, da Carta Europeia de
> Autonomia Local

1. Perspectiva estática

1.1. Como é que os mercados obrigacionistas municipais se desenvolvem?

Ao falarmos em desenvolvimento de mercados obrigacionistas, no contexto nacional, não podemos referir-nos senão a esti-
mular um mercado já implementado. Desenvolvimento significará,
então, estímulo e não implementação.

De facto, e apesar da titularização de activos dos municípios
portugueses já ter conhecido o primeiro impulso, a verdade é que
a liquidez destes títulos de dívida é inexistente — não há negociação registada.

Um lote de dois milhões de obrigações foram emitidas pela
Câmara Municipal de Oeiras e admitidas à cotação em 19 de
Novembro de 1993. O valor nominal desta obrigações era de 1,245

euros, sendo o lote mínimo negociável de mil duzentas e quarenta e cinco obrigações. Em Junho de 2003 estes títulos foram retirados do mercado.

A Câmara Municipal de Sintra emitiu a primeira série de obrigações em 19 de Janeiro de 1999, tendo sido admitidas à cotação um milhão e quinhentas mil obrigações com o valor nominal de cinco euros (aproximadamente). O lote mínimo negociável: quatrocentas e noventa e nove obrigações. A 22 de Março do mesmo ano foram emitidas a segunda e terceira séries, tendo sido admitidas à cotação mais um milhão de obrigações.

A Câmara Municipal de Lisboa emitiu, a 12 de Agosto de 1999, três milhões de obrigações, com o valor nominal de cinco euros e uma maturidade de vinte anos (prazo de reembolso vence a 3 de Junho de 2019), sendo o lote mínimo negociável de cinco obrigações.

Desta forma, é fulcral centramo-nos na reedificação do mercado obrigacionista municipal português, tarefa esta que terá de começar pela base, pela definição de uma política de gestão da dívida, integrada numa política económica e de desenvolvimento de longo prazo. A definição de tal estratégia gestionária, passo primeiro para a entrada do município no mercado de capitais, facultar--lhe-á os instrumentos necessários para a gestão do risco do seu portofólio de dívida.

O rigor na execução orçamental, ou seja, a condução das suas finanças na prossecução exacta dos termos definidos por um planeamento plurianual de gestão da sua capacidade de endividamento, é fundamental para gerar e ganhar a confiança do mercado, por forma a criar e solidificar a confiança dos investidores e das agências de *rating*, ganhando o apoio da opinião pública para a emissão de (novas/mais) obrigações para financiamento das tarefas municipais. No âmbito do *municipal securities market* dos Estados Unidos da América, as entidades locais dos Estados cujos ordenamentos jurídico-constitucionais estabelecem normas orçamentais mais rigorosas, fixando limites ao endividamento obrigacionista espartanos, são aqueles que emitem obrigações com juros menores, pois os investidores, confiantes na capacidade de pagamento do serviço da dívida da entidade local, demandam prémios de risco mais baixos.

III – O mercado obrigacionista municipal em Portugal 77

A definição da política de gestão da dívida passa pela observação dos montantes de encargos e de receitas do município, tendo como objectivo a minimização dos custos ao endividar-se, mantendo em simultâneo o risco a um nível prudente. Este risco define-se como a volatilidade do serviço da dívida em relação às receitas, e resulta de uma análise designada por *budget-at-risk* (BAR). É óbvio que a gestão da dívida só pode ser bem sucedida quando a situação financeira do lado dos activos, presentes e futuros, é rigorosamente tida em conta. Por exemplo, a emissão de dívida obrigacionista de longo prazo para o financiamento de projectos de desenvolvimento passa pela, necessariamente, pela ponderação das receitas que o município arrecadará nesse período, assegurando-se de que dispõe de meios suficientes para cumprir o serviço da dívida tal como calendarizado, associado, porventura, a uma nova emissão nos anos seguintes.

Vejamos, então, de forma esquematizada, o processo que deverá estar na base das decisões de emissão de títulos de dívida municipal. Deste processo depende a liquidez futura das obrigações e, consequentemente, o nível de desenvolvimento do mercado.

(1) Num primeiro momento haverá lugar a uma previsão das necessidades de fundos para financiamento de projectos de desenvolvimento, construção e manutenção de infraestruturas e equipamentos, a curto, médio e longo prazo.

(2) Seguidamente, devem ser avaliadas as necessidades de recurso a fundos alheios para cobertura de tais projectos, ou seja, uma ponderação da situação financeira do lado dos activos, presentes e futuros.

(3) A tarefa seguinte consiste, partindo de tal estimativa, na opção pelo recurso ao sistema bancário, ao mercado de capitais ou a ambos, ou seja, optar pelo esquema *pay-as-you-go* v. financiamento no mercado.

As vantagens e desvantagens da desintermediação serão apreciadas no próximo ponto, havendo no entanto espaço para aqui determinarmos a mais apropriada combinação entre dívida intermediada e dívida obrigacionista.

As questões a ter em conta são, essencialmente, quatro[82]:
- as limitações legais à capacidade de endividamento (às quais voltaremos mais tarde);
- as tendências demográficas e económicas do município, assim como a constituição de fundos de reserva como medida de protecção face a crises das economias locais e outras emergências;
- ponderar até onde será preferível acumular superavites para pagamento de projectos, por contraposição ao pagamento de juros e outras custos de emissão de obrigações;
- preparação de um modelo de avaliação do risco, que permitirá avaliar o impacto das alterações ao nível da receita, da despesa, taxas de juro e outras variáveis sobre a condição financeira do município. Este modelo será, também, um instrumento precioso na (re)definição da política de gestão da dívida municipal.

Assim, e atendendo a estas questões, o financiamento de um projecto cuja prioridade é máxima poderá justificar o recurso ao crédito bancário — embora os custos transferidos para as gerações futuras possam indicar noutro sentido.

Já o financiamento de défices correntes pela emissão de títulos de dívida de curto prazo — as chamadas "operações de tesouraria" — poderá ter consequências nefastas sobre a confiança do mercado face a (futuras) emissões de médio/longo prazo, assim como impacto negativo no *rating* de crédito do município.

O financiamento através do mercado de capitais será, porventura, mais adequado para financiar programas de desenvolvi-

---

[82] Seguimos, aqui, o Banco Mundial, e o seu *Training Manual* relativo a *Credit Ratings and Bond Issuing at the Subnational level*, integrado no *Global Program on Capital Markets Development* (edição do Banco Internacional para a Reconstrução e Desenvolvimento, 1999, pág. 2-38).

III – O mercado obrigacionista municipal em Portugal 79

mento, infraestruturas cuja utilização e possível rentabilidade se estende por um longo período temporal, por forma a minimizar a transferência de custos para as gerações provindas — permitindo- -lhes o usufruto directo e indirecto de tais investimentos, e recla- mando delas menor esforço financeiro para o pagamento do serviço da dívida.

(4) O quarto momento prende-se já com a dívida mobiliária, colocada no mercado, e passa pela definição do nível óptimo de endividamento. O perfil óptimo da dívida será consistente com o desempenho e capacidades económico-financeiras do município e minimizador dos custos do recurso ao crédito pela manutenção do risco a um nível prudente.

Nesta definição procura-se, por um lado, fixar o nível óptimo de endividamento[83] — montante total de dívida em circulação — e a estrutura da dívida — doméstica v. estrangeira, de taxa fixa v. taxa variável, de longo prazo v. curto prazo, etc.

(4.1) Pese embora não exista um modelo universal que reflicta com precisão o nível óptimo de endividamento, existem várias *ratios* que se aproximam dessa definição. Assim:
a) endividamento em circulação = receitas periódicas
o serviço da dívida inclui o principal e o juro, quer da dívida em circulação, quer de novas emissões. Do lado das receitas periódicas estão apenas aquelas que são arreca- dadas anual ou periodicamente, não se incluindo receitas extraordinárias, como as receitas provenientes da alienação de património ou subsídios ou comparticipações financeiras do Estado de cariz excepcional[84].

---

[83] Por fixação do nível óptimo de endividamento não queremos significar limitações legais ao endividamento, a que fizemos referência acima. Antes, neste ponto concreto, teremos de assumir que não preexistem quaisquer limites legais de endividamento pré-definidos, e que esta análise servirá, precisamente, para essa definação.

[84] Cfr. as previstas no artigo 7.º, n.º 2 e 3, da LFL.

Este *ratio* permite analisar, pela relação dívida em circulação — receitas expectáveis, até que momento se encontra coberta a dívida em circulação. A aplicabilidade do modelo depende, claro está, de características estruturais da dívida em circulação — por exemplo, caso se trate de obrigações com reembolso único, não existindo amortização do principal ao longo do período de maturidade, esta medição só se reflecte no vencimento/pagamento dos juros.

b) dívida em circulação = capacidade de geração de receita para pagamento da dívida
Nas receitas capazes de serem geradas pelo município cabem os impostos cobrados, as taxas, tarifas e preços. Este modelo não é aplicável a economias municipais cujo peso das transferências do Estado no total das receitas seja muito relevante.

c) total de dívida *per capita*
Facilita a comparação entre os níveis óptimos de cada município.

(4.2) A estrutura óptima da dívida é desenhada de acordo com a análise do risco BAR (*budget-at-risk*) — risco com o qual a LFL se mostra preocupada, prescrevendo no artigo 23.º, n.º 2, al. d) a "*não exposição a riscos excessivos*" como objectivo a prosseguir — que levará à definição das características específicas de cada emissão, *maxime* o tipo de obrigações, a maturidade, o vencimento dos juros e a estrutura de amortização.

Deve dedicar-se especial atenção a algumas questões, previstas, inclusive, na LFL:
  – A coordenação das maturidades: os intervalos temporais no pagamento do principal e dos juros são suficientemente espaçados para que o serviço da dívida não venha a exigir um refinanciamento?

III – O mercado obrigacionista municipal em Portugal

– Após a entrada em circulação, a dívida tem períodos iniciais de graça, *ballon* ou *bullet payments* (quando o pagamento do principal é feito em várias parcelas iniciais de pequeno valor, mas cujo pagamento final representa praticamente o total do empréstimo), que possam levar a aumentos dramáticos pela concentração temporal do reembolso? [cfr. artigo 23.º, n.º 2, al. c)].

– A emissão de dívida configura-se como uma parte substancial das receitas municipais? Este aumento estatístico e contabilístico acontecerá em sistema de contabilidade municipal que contabilizem os empréstimos como receitas/ /activos.

De qualquer dos modos, entre nós, a melhor e mais adequada estrutura da dívida municipal será a seguinte: **emissões de longo prazo, com maturidades elevadas, a taxa fixa e lançadas no mercado doméstico** — por oposição a emissões no estrangeiro, atendendo a que o nosso mercado doméstico terá actualmente a dimensão dos treze estados (da zona euro); e, ainda que a integração financeira, ao nível dos mercados de capitais, não esteja ainda completa e perfeita — a meta será 2005 — a *Euronext* representa, por si só, uma expansão do conceito de "mercado doméstico". **É nesta estrutura da dívida obrigacionista que nos concentraremos a partir deste momento e para efeitos de resposta às questões que temos pela frente**.

Um factor de enorme relevância será a garantia associada às emissões, optando-se por obrigações geneticamente semelhantes às *GOs* norte-americanas — cobertas pela total capacidade de tributação e crédito do município emitente — ou limitando-se as emissões do tipo das *revenue bonds*, para financiamento de projectos específicos cujas receitas estão alocadas ao serviço da dívida.

1.2. Como é que podem complementar o financiamento local, baseado nas receitas tributárias e nas transferências estaduais? — A questão dos limites à capacidade de endividamento municipal

O primeiro problema sobre o qual teremos de nos debruçar serão os limites à capacidade de endividamento dos municípios. De facto, há que distinguir entre:
– os limites que o artigo 24.º, n.º 3, da LFL fixa;
– os novos limites trazidos pela Lei da estabilidade orçamental.

Este diploma aditou à LFL um novo artigo 35.º-A que, por sua vez, ao dispor que *"a presente lei não exclui a aplicação das normas do novo título V da Lei de Enquadramento Orçamental, até à plena realização do Programa de Estabilidade e Crescimento"*, chama à colação o artigo 84.º, n.º 1, da Lei de enquadramento orçamental. Este preceito, na redacção que lhe foi dada pela Lei da estabilidade orçamental, prevê, então, que *"em cumprimento das obrigações de estabilidade orçamental decorrentes do Programa de Estabilidade e Crescimento, a lei do Orçamento estabelece limites específicos de endividamento anual da administração central do Estado, das Regiões Autónomas e das autarquias locais, compatíveis com o saldo orçamental calculado para o conjunto do sector público administrativo"*, estabelecendo o n.º 2 que tais limites de endividamento *"podem ser inferiores aos que resultariam das leis financeiras especialmente aplicáveis a cada sector"*.

Desta forma, a Lei n.º 32-B/2002, de 30 de Dezembro, a Lei do Orçamento Estado para 2003 fixou, no artigo 19.º, os limites ao endividamento municipal, e a Lei de Execução Orçamental de 2003 (Lei n.º 54/2003, de 28 de Março), concretizou as regras de limite ao endividamento, *maxime* em matéria de aferição do seu cumprimento e de efectuação do rateio previsto no n.º 3 do artigo 19.º, da Lei do Orçamento.

III – O mercado obrigacionista municipal em Portugal

Da mesma forma, a Lei do Orçamento do Estado para 2004 estabelece, no artigo 20.º, limites à dívida pública municipal, nos seguintes termos:

"*1 — No Ano de 2004, os encargos anuais dos municípios, incluindo os que oneram as respectivas empresas municipais e associações de municípios em que participem, com amortizações e juros dos empréstimos a médio e longo prazos, incluindo os dos **empréstimos obrigacionistas**, não podem exceder o maior dos limites do valor correspondente a um oitavo dos Fundos de Base Municipal, Geral Municipal e de Coesão Municipal que cabe ao município ou 10 % das despesas realizadas para investimento pelo município no ano anterior.*

2 — Os municípios que, devido a empréstimos contratados em anos anteriores, já excedem o maior dos limites referidos no número anterior não poderão recorrer a novos empréstimos de médio e longo prazos[85].

*(...) 4 — Em 31 de Dezembro de 2004, o montante global do endividamento líquido do conjunto dos municípios, **incluindo todas as formas de dívida**, não poderá exceder o que existia em 31 de Dezembro de 2003*".

O mesmo preceito prevê, no n.º 3, o rateio do montante global das amortizações efectuadas pelos municípios em 2002, para efeitos de acesso a novos empréstimos, entre os municípios que não estejam abrangidos pelo n.º 2, e sem prejuízo do n.º 1[86].

---

[85] Perante esta imposição de um endividamento líquido zero ou próximo deste nível, será pertinente questionar a constitucionalidade da norma, na medida em que os termos da limitação são mais rígidos do que os tectos fixados ao Estado — o mesmo será dizer, ao sector público administrativo e serviços e fundos autónomos — colocando-se, desta forma, em causa o princípio constitucional da descentralização bem como o princípio, também com assento constitucional, da solidariedade nacional.

[86] Por razões óbvias, a Lei do Orçamento para 2004 não contempla como excepção aos limites de endividamento dos municípios os empréstimos contraídos no âmbito do Euro 2004, como sucedia à luz do Orçamento para 2003.

Face a este regime apertado, integrado no quadro do PEC e dos três pontos percentuais de défice que servem de tecto às exigências de estabilidade orçamental, oferece-nos sugerir, em primeiro lugar, que os empréstimos obrigacionistas, ainda que mereçam limitação legal, devem escapar a esta disciplina.

É certo que o endividamento desenfreado dos municípios é um forte constrangimento face à necessidade de cumprir os critérios do PEC. Mas o endividamento municipal é, quase a cem por cento, contraído no sistema bancário, é crédito intermediado sujeito apenas, do ponto de vista externo aos municípios, ao visto do Tribunal de Contas.

Ora, se procuramos soluções de financiamento alternativas às fontes tradicionais, e se atendermos às diferentes características da dívida intermediada e da dívida obrigacionista, num quadro de vantagens e desvantagens, então concluiremos pela possibilidade de as obrigações municipais poderem ser uma alternativa sólida e viável ao esquema de financiamento municipal actual, e que estes títulos poderão, inclusive, assumir um papel pedagógico de controlo sobre a assunção de dívida pelos municípios, e eficiência depositada na sua gestão.

Esta solução não é original. Como observámos na segunda parte deste estudo, ao analisarmos o *municipal securities market* norte-americano, em alguns Estados e por imposição constitucional, a emissão de títulos de dívida está excluída do cálculo da capacidade de endividamento local, encontrando como limite anual à sua emissão a *ratio* dívida em circulação = receitas anuais. É o caso da Constituição do Estado de Nova Iorque. Na Florida e na Califórnia, a expansão dos limites da dívida é possível por via do *referendo tributário*, com participação de todos os eleitores da entidade emissora, numa interessante forma de participação dos cidadãos na prossecução e gestão local dos seus recursos e interesses, apesar dos riscos já mencionados.

Entendemos, nesta sede, que o montante máximo de endividamento por emissão de obrigações deverá estar ligado ao nível

III – O mercado obrigacionista municipal em Portugal   85

global de receitas, para evitar que o prazo médio de pagamento seja o modo de financiar défices imprevistos.

Assim, a premissa que baseia a nossa construção passa pela ideia de que limites ao endividamento como os estipulados pela Lei do Orçamento do Estado para 2004 *ex vi* Lei da estabilidade orçamental, não deveram ter como objecto os empréstimos obrigacionistas. Mas, sob o desígnio da contenção orçamental e da eficiência e racionalidade na gestão dos parcos recursos municipais, a tarefa a que nos propomos neste ponto é a de desenhar um sistema em que as obrigações municipais, assumindo-se como complementares, integram de forma sustentável e com um peso significativo o financiamento municipal.

Enunciado tão *nobre* desiderato, e atendendo ao conjunto de informações de que já dispomos, o primeiro pilar de tal sistema assentará nas *revenue bonds*, tal como configuradas enquanto categoria no sistema norte-americano[87], por oposição às *GOs* (relembrando, *general obligation bonds*). Tal opção deve-se, principalmente, a sete ordens de razão:

1. Os impostos cobrados pelos municípios portugueses não se apresentam como uma garantia da emissão de obrigações especialmente interessante (cfr. artigo 4.º e 16.º, da LFL). A alocação da total capacidade tributária e crédito dos municípios às suas obrigações — *"full faith and credite"* características das *GOs* — pode levantar, entre outras, dificuldades em relação ao pagamento do serviço da dívida. A reforma da tributação do património poderá, eventualmente, trazer algumas alterações neste campo.

2. A LFL reclama, no artigo 24.º, n.º 3, uma relação entre o empréstimo (aqui, obrigacionista) e o investimento público directo. As *revenue bonds* destinam-se ao financiamento de

---

[87] Adverte-se para o facto de utilizarmos o conceito norte-americano de *revenue bond* pois, como antes referimos, outras noções são utilizadas, como seja o caso da definição proposta pelo Banco Mundial, a que também já aludimos.

projectos de investimento, construção e manutenção de equipamentos e infraestruturas. Em muitos países, as emissões obrigacionistas dos municípios estão limitadas precisamente quanto ao fim: projectos de investimento.

3. No âmbito do debate aberto sobre a renovação do sistema de receitas efectivas próprias, relançado pela limitação ao recurso a receitas de crédito, dois campos são apontados como aqueles em que os municípios dispõem ainda de um amplo espaço de acção e prendem-se com a política de taxas autárquicas e com as parcerias público-privadas. Assim, na arquitectura deste sistema, as *revenue bonds* e as *project financing bonds* serão traves-mestras.

4. As *project financing bonds* são um subtipo das *revenue bonds*, e passam pela alocação das receitas arrecadas pela utilização da infraestrutura construída neste esquema de parceria pública-privada à garantia da emissão. Habitualmente, neste tipo de projectos serão os privados a financiar-se no mercado através de emissões obrigacionistas, com aval do Estado. No entanto, tem sido utilizada a emissão de dívida pública, por parte do parceiro público, com um de dois objectivos: (1) antecipação de fundos cuja responsabilidade é do parceiro privado, mas, face à credibilidade da dívida pública no mercado de capitais, se torna mais simples de assegurar por esta via, sendo a posterior amortização e pagamento de juros e do principal garantido pela dedicação das receitas geradas pelo empreendimento; (2) como forma de pagamento da participação financeira do parceiro-público no projecto[88].

5. Por seu turno, as *revenue bonds* enquanto categoria mais genérica darão correspondência à expansão das receitas arre-

---

[88] Os termos exactos da repartição de responsabilidades financeiras e riscos estão dependentes de estipulação contratual concreta. Apesar da tendência ser a da deslocação quase-total das responsabilidades de financiamento para o parceiro-privado, existem inúmeras variantes, vg. as SCUTS e a Ponte Vasco da Gama/Lusoponte.

III – O mercado obrigacionista municipal em Portugal 87

cadas pela cobrança de taxas, medida adoptada em Espanha, numa lógica de diversificação e revitalização do financiamento local. Assim, e porque o esforço financeiro exigido aos municípios prende-se em grande parte com a construção e (sobretudo hoje) manutenção de infraestruturas, a *liaison* entre a dívida mobiliária e a alocação das taxas municipais cobradas serve os propósitos que definimos.

6. Outro subtipo de *revenue bonds* que apresenta potencialidades no nosso contexto municipal são as *industrial development bonds* (IBDs), emitidas para financiar a construção de infraestruturas e instalações que depois são concessionados a privados que os exploram e gerem, pagando uma "renda" igual ao serviço da dívida emitida.

7. Para além das razões apontadas, esta opção pelas *revenue bonds* corresponde a uma tendência a nível mundial, reflexo da mutação da estrutura das receitas locais.

O que foi dito não invalida a utilização de GOs. Poderão ser estruturadas *double-barrelled bonds* que, subsidiariamente à alocação de receitas de taxas para garantia da emissão, são cobertas pelas receitas tributárias do emitente.

Especial interesse mostram as *moral obligation bonds*, pela possibilidade de utilização de avales do Estado para aumentar o *rating* de crédito de municípios cuja notação financeira seja mais baixa. Ou as *tax-increment bonds*, utilizadas para financiar melhorias nas infraestruturas de áreas em desenvolvimento, e suportadas pelos tributos cobrados sobre o incremento do valor das propriedades nas áreas em causa. De igual forma, as *special-assessment bonds* poderão ser de grande utilidade para o financiamento de certos projectos, uma vez que apenas aqueles que beneficiam directamente dos bens e serviços financiados pela emissão obrigacionista pagam contribuições especiais para pagamento do serviço da dívida. Um misto destes dois últimos tipos de obrigações teria sido de grande utilidade no financiamento de projectos inseridos, por exemplo, no âmbito da Expo 98.

Três outras ideias parecem-nos merecedoras de aplicação e exploração:

a) transferência entre autarquias de direitos de endividamento em condições livremente negociadas entre as partes (e não numa lógica de rateio, como apresenta a Lei do Orçamento do Estado de 2004);

b) a emissão de obrigações por associações intermunicipais, também sem sujeição aos limites de endividamento fixados na Lei do Orçamento do Estado para 2004, uma vez que esta é a sede indicada para a concentração e concertação de decisões de investimento que afectam territórios de vários municípios, num quadro de desenvolvimento harmonizado (especialmente enquanto a regionalização não acontece no nosso país), e proporcionado, assim, efeitos de escala, diluindo os custos das operações de emissão e colocação das emissões.

c) a emissão de títulos de dívida obrigacionista pelas empresas municipais e intermunicipais, nas mesmas condições atrás referidas, para o financiamento de projectos que directamente se relacionem com o seu objecto — pensemos nas *agencies* norte-americanas e, por exemplo, nas empresas encarregadas da gestão de serviços de interesse económico geral, entre nós.

Por fim, não podemos deixar de constatar que as operações de construção e reabilitação de infraestruturas no âmbito do EURO 2004 teriam sido o laboratório ideal para emissões pioneiras de obrigações, pelo potencial de receitas alocáveis às emissões, pela capacidade de atrair investidores institucionais e não-institucionais e pela não sujeição dos empréstimos e amortizações de empréstimos efectuados para a construção e reabilitação de infraestruturas no âmbito do campeonato europeu de futebol de 2004 aos limites ao endividamento municipal, plasmados no artigo 19.º, n.º 4, da Lei do Orçamento do Estado para 2003.

1.3. Como é que as obrigações municipais se perfilam face ao endividamento junto da banca privada? — vantagens e desvantagens da desintermediação

Na linha das orientações que sugerimos e traçámos, será crucial olharmos para as características genéticas do dívida intermediada e da dívida obrigacionista, delineando um quadro comparativo que suporte o mercado de obrigações municipais que atrás tentámos edificar.

Em bom rigor, não propomos uma opção drástica entre um ou outro método de acesso aos capitais privados. Nos sistemas financeiros locais nos quais inicialmente o acesso às poupanças dos aforradores se fazia apenas por intermédio das instituições financeiras, e que posteriormente elevaram mercados obrigacionistas, a desintermediação não foi total. Antes, a prática aponta para a vigência de modelos de convergência ou mistos.

O mercado obrigacionista tem hoje melhor capacidade para cativar poupanças de longo prazo, quer de aforradores institucionais, quer de aforradores não-institucionais. No entanto, e como já tivemos oportunidade de salientar, determinados tipos de investimento prioritários reclamam a utilização de linhas de crédito junto da banca, para seu financiamento. No caso português, a implementação de um mercado de obrigações municipais sólido não elimina do mapa das receitas municipais o crédito bancário. Portanto, o modelo que aqui desenhamos passa também por essa lógica de convivência ou convergência entre estes meios de acesso ao capital privado. Ainda que muitos apontem para o mercado de títulos como a fonte por excelência para a contracção de empréstimos para financiamento de tarefas municipais[89].

O quadro que se segue parte da contraposição entre empréstimos bancários e obrigações levada a cabo por Florbela de Almeida

---

[89] *V. g.* George E. Peterson, "Banks or bonds: building a municipal credit market", *ADB Conference on Local Government Finance and Bond Financing*, 2000 (disponível no sítio do *Asian Development Bank*).

90   *Obrigações Municipais*

Pires[90], e sintetiza as diferenças essenciais entre tais formas de recurso ao crédito pelos municípios, partindo da análise de um conjunto importante de itens.

Quadro n.º 7

	Empréstimo bancário	Empréstimo obrigacionista
Transmissibilidade dos créditos	Posição de cada credor é rígida, não se destina a ser transmitida	Incorporam uma dívida assegurando a sua circulação ou transmissibilidade
Origem dos fundos	Liquidez obtida através dos depósitos efectuados no sistema bancário	Fundos passam directamente do investidor para a esfera jurídica do devedor
Equilíbrio das perspectivas das partes	Perspectiva de longo prazo do mutuário encontra-se com a de curto prazo dos depositantes por intermediação bancária	Encontro de perspectivas é alcançado através do mercado secundário
Posição do devedor perante o(s) credor(es)	Posição fragilizada	Posição dominante (mas frágil perante o intermediário financeiro — banco)
Transparência na contracção e contributo para a eficiência da gestão dos recursos	O processo de emissão escapa completamente à monitorização do público, estando sujeita a controlo parlamentar e do Tribunal de Contas. Assim, a assunção de níveis elevados de empréstimos no circuito bancário mostra-se pouco contributiva para a eficiência da gestão, senão através dos limites ao endividamento.	O financiamento dentro do mercado contribui para uma maior eficiência e transparência na gestão financeira e afectação dos recursos, pelas exigências de informação do próprio mercado de capitais, pelo comportamento dos investidores (que investem em títulos credíveis) pela acção fiscalizadora exercida pelas agências de *rating*, etc.
Taxas de juro oferecidas	Taxas de juro de mercado, após o fim das linhas de crédito bonificado para as autarquias	Depende das características da emissão, o que permite obter taxas mais baixas
Flexibilidade temporal no cumprimento do serviço da dívida	Negociável	Inexistente. Obedece à calendarização previamente fixada na ficha da emissão

---

[90] *Direitos e organização dos obrigacionistas em obrigações internacionais (Obrigações Caravela e Eurobonds)*, Lex, Lisboa, 2001, pág. 48-51.

III – O mercado obrigacionista municipal em Portugal

Renegociação das condições da dívida	Negociações com curso flexível	Rígida, pelo necessário envolvimento de todos os investidores
Dimensão dos mercados	Ampliada pela euro, mas limitada, no plano internacional, a algumas instituições financeiras	Potencialmente expansiva, ampliada pelo euro e pela integração dos mercados de capitais
Consequências na imagem do mutuário	Nefasta, pelo recurso intenso e descontrolado a esta fonte de financiamento, publicitado pela limitação legal ao endividamento municipal para 2003	É um bom instrumento de "marketing territorial" para os municípios que queiram adquirir notoriedade europeia e internacional; a emissão de obrigações é um capital de prestígio para o município
Promoção da participação dos munícipes na gestão municipal	Não fomenta a participação dos munícipes	Pela reserva de uma parte da emissão para subscrição pela população do município, o município associa os munícipes aos seus programas de investimento e à sua gestão

2. Perspectiva dinâmica

2.1. Processo de emissão

O processo de emissão de títulos de dívida municipal poderá definir-se, na ausência de qualquer definição legal, como "*o conjunto de actos materiais e jurídicos destinados a permitir a criação desses valores*"[91]. A doutrina divide-se entre a aplicação deste conceito num sentido amplo, integrando um processo complexo que abarca a autorização legislativa, a publicação da obrigação geral e a subscrição[92], ou a consideração do processo de emissão em sentido

---

[91] Eduardo Paz Ferreira, "Títulos de Dívida Pública e Valores Mobiliários", *Direito dos Valores Mobiliários*, Volume II, Coimbra Editora, 2000, pág. 37.

[92] É a posição de Sousa Franco, *Finanças Públicas e Direito Financeiro*, Volume II, 4.ª Edição — 9.ª Reimpressão, Almedina, Coimbra, 2002, pág. 100 e ss.

estrito. Neste sentido, como refere Paz Ferreira, *"a doutrina espanhola, por exemplo, tende a limitá-lo aos actos praticados pelos órgãos encarregados da administração da dívida, excluindo a autorização parlamentar do processo de emissão"*[93].

Nesta sede, consideramos o processo de emissão de obrigações municipais *amplo sensu*, por forma a dispormos de *"uma melhor visão de conjunto do processo de formação da vontade de contratar* (dos municípios) *e nos dá uma perspectiva mais clara do conjunto de controlos a que estão sujeitas estas operações"*[94]. Assim, podemos falar de uma fase pública do processo de emissão — a(s) autorização(s) — e de uma fase privada — a colocação e negociação dos títulos.

Elemento de especial relevo, em matéria de emissões de dívida obrigacionista, é a já referida autorização parlamentar conferida ao Governo para *"legislar no sentido da regulamentação da emissão de obrigações municipais, nos termos do n.º 1 do artigo 23.º da Lei n.º 42/98, de 6 de Agosto"*, segundo o artigo 19.º da Lei do Orçamento para 2004. Sendo crucial a emissão de diploma regulamentador de tal regime, não deixa de ser revelador de uma deficiente legística o facto de ser o artigo 28.º da LFL, e não o artigo 23.º, a remeter a regulamentação do crédito para decreto-lei[95].

No entanto, e na ausência de qualquer regime específico para a emissão, colocação e negociação dos títulos de dívida obrigacionista municipal, diríamos que a fase pública do processo de emissão de obrigações municipais comporta quatro momentos[96]:

---

[93] "Títulos...", Ob. cit., pág. 37.

[94] *Idem...*

[95] Relembre-se o disposto neste preceito: *"Os demais aspectos relacionados com a contracção de empréstimos pelos municípios e pelas freguesias, nomeadamente no que diz respeito à respectiva renegociação, bonificação de taxas de juro e consultas ao mercado, assim como as condições de contracção de empréstimos em moeda estrangeira e outras condições a que deve obedecer a contratação pelos municípios de empréstimos para saneamento financeiro e para reequilibro financeiro, são objecto de regulamentação por decreto-lei".*

[96] Sousa Franco, referindo-se ao processo de autorização e constituição da

III – O mercado obrigacionista municipal em Portugal 93

1. A autorização por parte da Assembleia da República;
2. A apresentação à assembleia municipal, por parte da câmara municipal (executivo), de pedido de autorização para a contratação de empréstimos obrigacionistas, e subsequente aprovação pela assembleia;
3. Intervenção do Instituto de Gestão do Crédito Público, nos termos que já analisaremos;
4. A fiscalização do Tribunal de Contas.

Vejamos, então.

2.1.1. *A fase pública do processo de emissão de obrigações municipais*

a) *A autorização da Assembleia da República*

A Constituição, no artigo 161.º, al. h), ao dispor sobre competência política e legislativa da Assembleia da República, consagra a competência parlamentar para:

> "*Autorizar o Governo a contrair e a conceder empréstimos e a realizar outras operações de crédito que não sejam de dívida flutuante, definindo as respectivas condições gerais, e estabelecer o máximo dos avales a conceder em cada ano pelo Governo*".

Nada de semelhante é disposto em relação aos empréstimos das autarquias locais. Salienta Nazaré Costa Cabral que "*o legislador constituinte terá sido propositada e necessariamente cauteloso,*

---

relação de empréstimo público estadual, enuncia três fases principais: autorização legislativa, publicação da obrigação geral e subscrição. Por seu turno, Nazaré Costa Cabral identifica, na análise do procedimento de contracção de empréstimos por parte das autarquias locais, três etapas diferenciadas: "*(1) autorização (distinguindo-se entre formas de autorização); (2) condições; (3) gestão da dívida e sua fiscalização*" (*O Recurso...*, Ob. cit., pág. 53).

perante a eventual contradição, que uma tal exigência colocaria, com a autonomia financeira muito ampla que é, por ele mesmo, concedida aos entes locais"[97]. No entanto, e como outros autores salientaram já, *"não parece que a limitação legal da possibilidade de recurso ao crédito pelas (...) autarquias seja inconstitucional, por violação da autonomia financeira — que é, também, creditícia — reconhecida a esses entes públicos. A autonomia creditícia significa a possibilidade de os entes públicos contraírem empréstimos. Ora, esta noção não parece incompatível com a fixação de limites quanto ao recurso ao crédito*"[98].

Desta maneira, entende-se que, por razões de legitimidade constitucional e financeira, a autorização parlamentar revela-se essencial no âmbito da emissão de dívida por parte dos municípios. Aliás, apropriando-nos novamente das palavras de Nazaré Costa Cabral, tal autorização é hoje *"aconselhada e legitimada pela urgência do cumprimento dos critérios de convergência nominal em matéria de finanças públicas, os quais estão já a forçar, de facto, uma nova solidariedade financeira entre todos os subsectores do SPA*"[99].

Esta autorização parlamentar "legitimadora" foi plasmada primeiro na Lei do Orçamento do Estado para 2003 e agora na Lei do Orçamento para 2004, fixando-se limites ao endividamento municipal na senda das alterações introduzidas pela Lei da estabilidade orçamental na Lei de enquadramento do orçamento, e traduz-se, então, numa limitação genérica à capacidade de endividamento dos municípios.

---

[97] *O Recurso...*, Ob. cit., pág. 40.

[98] *Reforma da Lei de Enquadramento Orçamental — Trabalhos preparatórios e anteprojecto*, Coordenação de Jorge Costa Santos, Ministério das Finanças, Lisboa, 1998, pág. 57.

[99] *O Recurso...*, pág. 41.

III – O mercado obrigacionista municipal em Portugal

b) O pedido de autorização para contracção de empréstimos obrigacionistas e a aprovação da assembleia municipal

A Lei n.º 169/99, de 18 de Setembro, que fixa o quadro de competências e regime jurídico de funcionamento dos órgãos dos municípios e das freguesias, atribui às assembleias municipais competência, em matéria regulamentar e de organização e funcionamento, sob proposta da câmara, para *"aprovar ou autorizar a contratação de empréstimos nos termos da lei"* [artigo 53.º, n.º 2, al. d]. Nesta linha, o artigo 64.º, n.º 6, al. a), do mesmo diploma atribui competência à câmara municipal para apresentar à assembleia tal pedido de autorização que, nos termos do n.º 7, do artigo 53.º desta Lei n.º 169/99 e do artigo 23.º, n.º 5, da LFL, *"para a contracção de empréstimos de médio e longo prazos é obrigatoriamente acompanhado de informação sobre as condições praticadas em, pelo menos, três instituições de crédito, bem como de mapa demonstrativo da capacidade de endividamento do município"*. Consagra-se assim a regra da democracia financeira, mas tendo a norma sido pensada, claramente, para os empréstimos bancários. No entanto, interpretando a norma por forma a adequá-la à autorização para emissões obrigacionistas, deverá entender-se que o executivo camarário deverá fornecer todas as informações relativas às características da emissão planeada, sendo que as características de cada empréstimo em concreto devem obediência ao preceituado no artigo 24.º, da LFL — embora, como já vimos, os limites fixados no n.º 3 desta norma tenham sido derrogados pela Lei do Orçamento para 2003.

A assembleia municipal autorizará a contracção de empréstimos de médio e longo prazo de forma casuística, o que resulta, *a contrario*, do n.º 6, do artigo 23.º, da LFL, ao dispor que *"a aprovação de empréstimos a curto prazo pode ser deliberada pela assembleia municipal, na sua sessão anual de aprovação do orçamento, para todos os empréstimos que a câmara venha a contrair durante o período de vigência do orçamento"*.

c) A intervenção do Instituto de Gestão do Crédito Público

O artigo 28.º da LFL, dispõe que *"os demais aspectos relacionados com a contracção de empréstimos pelos municípios e pelas freguesias, nomeadamente no que diz respeito à respectiva renegociação e bonificação das taxas de juro e consultas ao mercado, assim como a contracção de empréstimos em moeda estrangeira e outras condições a que deve obedecer a contratação pelos municípios de empréstimos para saneamento financeiro e para reequilibro financeiro, são objecto de regulamentação por decreto-lei"*.

Ora, tal decreto-lei não viu, até hoje, a luz do dia, o que deixa órfão de regulamentação legal um conjunto de aspectos importantes relativos à emissão de títulos de dívida municipal. Quer ao nível da renegociação, bonificação de taxas de juro e consultas ao mercado, quer ao nível do planeamento de cada emissão, em termos de tipo, estruturação do risco e modo de reembolso das obrigações.

O artigo 18.º, da Lei n.º 7/98, de 3 de Fevereiro, que consagra o regime geral de emissão e gestão da dívida pública directa do Estado, não vai muito mais longe, ao dispor que *"os princípios da presente lei aplicam-se à dívida pública de todas as entidades do sector público administrativo, sem prejuízo das disposições especiais da Lei das Finanças Regionais e da Lei das Finanças Locais"*.

Maior auxílio nos fornecerá, porventura, o Decreto-Lei n.º 160/96, de 4 de Setembro. Este diploma aprovou os Estatutos do Instituto de Gestão do Crédito Publico — que é *"pessoa colectiva de direito público, dotada de autonomia administrativa e financeira e património próprio, sujeita à tutela e superintendência do Ministro das Finanças"* (artigo 1.º), e veio substituir a Junta do Crédito Público — e, juntamente com a Lei n.º 7/98, introduziu importantes alterações à mecânica de funcionamento do processo de endividamento das entidades públicas. Como aponta Paz Ferreira, *"a criação do Instituto seguiu-se, de resto, a um período de grandes transformações na forma de gestão da dívida pública e à passagem de uma colocação automática da dívida junto do sector*

III – O mercado obrigacionista municipal em Portugal 97

bancário nacionalizado para uma actuação crescente nos merca-
dos financeiros em regime de concorrência com os restantes agen-
tes económicos"[100].

Quer-se com isto significar que "*o IGCP aparece como uma*
entidade tendencialmente vocacionada para a gestão e apoio téc-
nico ao endividamento da generalidade do sector público (artigos
4.º, n.º 1 e 5.º, n.º 2 e 3)"[101]. Dispõe o artigo 5.º, n.º 2 do Decreto-
-Lei n.º 160/96: "*o IGCP poderá prestar ao Estado e a outras*
entidades públicas serviços de consultoria e assistência técnicas,
bem como gerir dívidas de entidades do sector público administra-
*tivo, mediante a celebração de **contratos de gestão**, desde que tais*
prestações de serviços não se revelem incompatíveis com o seu
objecto". Assim, este leque de funções acessórias do Instituto
"*constitui um passo inteiramente lógico em face da crescente*
integração da gestão financeira da globalidade do sector público
determinada pelo Tratado de Maastricht" pois " (...) *o IGCP obe-*
dece a uma preocupação de carácter muito mais economista, que
visa potenciar os efeitos de uma política activa de gestão da dívida
pública"[102].

Assim, julgamos haver lugar para a intervenção do IGCP neste
momento e neste contexto, ainda que seja admissível que, no futuro,
venha a ser criada uma entidade com competências específicas em
matéria de emissões obrigacionistas municipais — embora não
seja, necessariamente, desejável — e, naturalmente, sem prejuízo
da publicação do decreto-lei a que o artigo 28.º, da LFL.

d) A intervenção do Tribunal de Contas

Nos termos do artigo 2.º, n.º 1, al. c, da Lei de Organização
e Processo do Tribunal de Contas (a Lei n.º 98/98, de 26 de Agosto[103]),

---

[100] "Novos Rumos...", Ob. cit., pág. 79.
[101] *Idem...*
[102] *Idem...*
[103] Alterada pela Lei n.º 87-B/98, de 31 de Dezembro, e pela Lei n.º 1/2001,
de 4 de Janeiro.

as "*autarquias locais, suas associações ou federações e seus serviços, bem como as áreas metropolitanas*" estão sujeitas à jurisdição e poderes de controlo financeiro do Tribunal.

No essencial, ao tribunal de contas caberá a "*fiscalizar previamente a legalidade e cabimento orçamental dos actos e contratos de qualquer natureza que sejam geradores de despesa ou representativos de quaisquer encargos e responsabilidades, directos ou indirectos*" [artigo 5.º, n.º 1, al. c)], uma vez que "*nos instrumentos geradores de dívida pública, a fiscalização prévia tem por fim verificar, designadamente, a observância de limites e sublimites de endividamento e as respectivas finalidades, estabelecidas pela Assembleia da República*". Desde a emissão da Lei da estabilidade orçamental e consequentes limites ao endividamento municipal fixados no Orçamento para 2003, muitos contratos de empréstimos bancários têm recebido vistos negativos do Tribunal de Contas.

Em sede de fiscalização sucessiva, o Tribunal de Contas avaliará, de igual modo, o respeito pelos limites de endividamento local, já que, ao abrigo do artigo 50.º, n.º 3, "*os empréstimos e as operações financeiras de gestão da dívida pública directa, bem como os respectivos encargos, provenientes, nomeadamente, de amortizações de capital e de pagamento de juros, estão sujeitos à fiscalização sucessiva do Tribunal de Contas*".

Em termos de efectivação de responsabilidades financeira reintegratória, *maxime* pela violação dos limites ao endividamento municipal, concordamos com o apontamento de Nazaré Costa Cabral: "*considerando, por um lado, que a responsabilidade reintegratória tem lugar (...) nos casos — e apenas nestes — de alcance, desvio de dinheiros ou valores públicos ou de pagamentos indevidos, considerando, por outro, que o próprio princípio do* enriquecimento sem causa *parece desaconselhar, sempre que haja ultrapassagem dos limites de endividamento fixados, à reposição da diferença em apreço (pois que neste caso, os dinheiros não foram desviados para outros fins, públicos ou privados, antes entraram em demasia nos cofres de uma dada autarquia), dificilmente se poderá aceitar assim, sob pena de locupletamento da própria autarquia, que, perante tal infracção, haja lugar à responsabili-*

III – O mercado obrigacionista municipal em Portugal

dade financeira reintegratória". Já em relação à efectivação de responsabilidade sancionatória, e continuando com a autora "*nada parece obstar, feita a graduação da culpa do(s) agente(s) envolvido(s) (n.º 2, do artigo 67.º), há aplicação de multas pelo Tribunal de Contas, ou seja, há efectivação da responsabilidade financeira sancionatória*" [104].

2.1.2. A fase privada da emissão de títulos de dívida municipal: os métodos de colocação e negociação — o mercado primário e secundário

Após a obtenção das autorizações devidas, e exercido o controlo (anterior ou posterior à emissão das obrigações), a regulação do processo de emissão por normas de direito público termina. Daqui em diante, será o direito privado a regular a relação entre os municípios emitentes, o mercado e os investidores.

De facto, as normas de direito público apenas se aplicam a momentos prévios ao estabelecimento de relações com os privados, sejam eles o mercado (que hoje é, sem margem para dúvidas, privado) ou os aforradores-investidores, e destinam-se apenas a assegurar que a actuação dos municípios corresponde ao interesse público. Como aponta Paz Ferreira, tais normas "*não se traduzem no plano das relações entre o Estado e os particulares*" pois, nesse plano, os municípios colocam-se "*apenas na posição de uma entidade que se apresenta no mercado de capitais, esperando recolher a adesão voluntária dos detentores de poupanças*"[105]. Assim, o autor reconhece uma natureza privada ao contrato de empréstimo público, já que o financiamento no mercado corresponde "*à convicção dos responsáveis pela decisão financeira de que o interesse*

---

[104] *O Recurso...*, Ob. cit., pág. 68.

[105] *Da Dívida Pública e das Garantias dos Credores do Estado*, Almedina, Coimbra, 1995, pág. 376. O autor tece tais considerações em torno do contrato de empréstimo público do Estado o que, *mutatis mutandis*, valerá para os municípios e para o caso que tratamos.

público é melhor prosseguido por esta via, o que fica tanto mais patente quanto não podem ser, igualmente, ignoradas as vantagens na existência de mercados financeiros que funcionem regularmente e se mostrem aptos a assegurar o financiamento, quer do sector público, quer do sector privado"[106] [107].

Assim, e como já vimos, encontram-se plasmados na LFL e na Lei n.º 7/98, um conjunto de princípios orientadores das decisões e termos concretos da emissão de obrigações municipais, estando a gestão dessas emissões a cargo do IGCP, no âmbito de uma política coordenada de gestão da dívida pública do Estado português no seu todo. De igual forma, encontramos no Código dos Valores Mobiliários algumas disposições aplicáveis aos títulos de dívida pública (incluindo a municipal). Por seu turno, o suporte operacional à colocação e transacção de obrigações, o mercado — primário e secundário — encontra-se edificado, assim como o seu acesso — feito, imperativamente através de intermediários — o que à partida, delimita as possíveis modalidades de colocação.

A questão essencial que aqui se deve colocar prende-se basicamente com a necessidade de criar uma estrutura que, à semelhança do que sucede com o IGCP na colocação, negociação, contratação e emissão de empréstimos obrigacionistas em nome do Estado, sirva de intermediário em representação das autarquias. Apesar de o IGCP assumir uma vocação tendencialmente vocacionada para a gestão e apoio técnico ao endividamento da generalidade do sector

---

[106] *Idem...*, pág. 376-377.

[107] Outra é a posição de Sousa Franco, que defende estarmos perante "*uma modalidade autónoma de contrato financeiro de Direito Público, mais próximo, aliás, dos contratos de Direito Comercial que dos de Direito Administrativo. É isso que não impede que nos socorramos de princípios de Direito comum, expressos pelo Direito Civil, quer no regime dos contratos de empréstimo quer no de outros contratos afins; nem impede tão pouco que recorramos aos regimes do Direito Comercial, tanto mais que algumas das operações praticadas, designadamente quando intervêm entidades bancárias, têm economicamente a natureza de verdadeiras operações comerciais (financiais)*" (*Finanças...*, Volume II, Ob. cit., pág. 114).

III – O mercado obrigacionista municipal em Portugal 101

público, de que já demos conta, a verdade é que a lei lhe confere mandato para a gestão da dívida pública **directa** do Estado. Mais uma vez, coloca-se a questão de encarregar este Instituto da gestão da dívida pública municipal, já que a sua estrutura foi criada à semelhança das instituições financeiras que executam actividades similares; ou, antes, a criação de uma entidade com competências próprias nesta matéria, encarregada de gerir, colocar e negociar as emissões obrigacionistas.

O mercado, esse, encontra-se edificado, regulamentado e supervisionado. Operam em Portugal, sob a égide da *Euronext*, mercados regulamentados de bolsa: a contado (mercado de cotações oficiais; segundo mercado; novo mercado), de derivados (futuros e opções) e mercados especiais, *maxime* o Mercado Especial de Dívida Pública.

No mercado primário, a colocação dos títulos de dívida poderá efectuar-se por colocação directa (por leilão ou por subscrição limitada) ou por subscrição indirecta ou tomada firme. Pedra de toque do sistema é a intermediação: a contratação de intermediários financeiros para organização e colocação de obrigações.

O maior obstáculo à colocação das obrigações municipais no mercado bolsista será, porventura, a informação financeira a prestar aos mercados, *maxime* à *Euronext*. A solução passa, naturalmente, pela instalação e utilização de novos sistemas informáticos de apresentação de contas, que possibilitem a apresentar uma contabilidade organizada.

2.2. *Rating* dos municípios: a questão das associações de municípios como resposta ao baixo *rating* de alguns municípios e à ausência de regiões administrativas

Uma questão fundamental, nos preliminares da implementação e dinamização deste mercado, será o *rating* dos municípios. Como é sabido, para que as obrigações sejam aceites à cotação, torna-se imprescindível a sua notação por parte de uma agência de *rating* — estas avaliam o município por forma a fornecer ao mercado informações acerca da sua solvabilidade, enquanto medida de protecção dos subscritores obrigacionistas. Desta forma, podemos definir *rating* como indicador da probabilidade de pagamento atempado dos juros e do capital de um dado empréstimo pelo emitente — a capacidade e vontade do emitente em cumprir os compromissos assumidos.

Naturalmente, a facilidade de obtenção de financiamento por parte do emitente é função conjunta do *rating* atribuído ao mutuário e da taxa de cupão oferecida pelo mesmo. Enquanto instrumento de apoio à decisão de investimento, o *rating* assume-se como conceito fundamental no mercado de obrigações municipais português, e estende tal característica às agências de notação financeira. Entre nós, para lá das internacionalmente conceituadas *Moody´s*, *Standard & Poor's* e *Fitch IBCA*, operam a *Companhia Portuguesa de Rating* (CPR) e a *Sociedade de Análise de Risco* (SAER).

Uma das escalas de notação ou *rating* mais utilizadas é a seguinte:

Quadro n.º 8
Escala de notação/rating
mais utilizada

AAA	Títulos de segurança excepcional
AA	Títulos com segurança muito forte
A	Títulos com segurança forte
BBB	Capacidade de pagamento de juros e do capital satisfatória
BB	Zonas de incerteza e de riscos crescentes em função do tempo
B	Grau acrescido de incertezas e riscos
CCC	Probabilidades crescentes de falência
CC	Probabilidades crescentes de falência
C	Probabilidades crescentes de falência
D	Falta de pagamento

Fonte: Moody´s Investor Service

III – O mercado obrigacionista municipal em Portugal 103

A análise efectuada pelas agências de *rating* vai focar-se na força financeira intrínseca do emitente, nomeadamente na qualidade de gestão, transparência, e na sua contabilidade. O resultado será, basicamente, uma opinião quanto à credibilidade futura daquele título, expressa, então, no famoso sistema AAA-C, descrito no quadro n.º 8.

Naturalmente, existe uma ligação estreita entre o *rating* do município emissor e a taxa de juro da emissão obrigacionista: quanto mais baixo o *rating*, maior a taxa de juro, sendo que as obrigações AAA e AA são consideradas de alta qualidade, com o mais baixo risco de *default*. As obrigações de um emitente AAA são consideradas estáveis e de alto nível de fiabilidade, enquanto que obrigações com um *rating* AA têm um risco de longo prazo ligeiramente superior.

Atendendo a estes parâmetros, é fácil perceber que o *rating* de uma parte significativa dos municípios portugueses não fará dos seus títulos um investimento aliciante.

O município de Lisboa é uma excepção a esse cenário. A *Moody´s Investor Services* atribui ao município, desde 1998, a classificação de Aa2, igual ao *rating* da República Portuguesa. As razões apontadas pela *Moody´s* no seu relatório de análise para a atribuição desta classificação, prendem-se com:

1) o moderado serviço de dívida;
2) boas performances orçamentais, conseguidas através de uma rigorosa utilização dos dinheiros públicos;
3) a liderança de Lisboa na economia do país.

A regionalização, enquanto realidade político-administrativa, poderia dar resposta a esta questão. Na sua acepção financeira, "*a criação das regiões introduz um nível intermédio de decisão pública de base territorial, alargando o grau de descentralização das finanças públicas; porém permite reduzir algumas das limitações de um sistema totalmente fragmentado em jurisdições locais pois que, permite corrigir efeitos externos e tirar partido de economias de escala*"[108]. No entanto, como todos sabemos, o projecto de regionalização ficou adiado após o referendo de 1998.

Assim, aos municípios com *ratings* mais baixos restará a possibilidade de as Áreas Metropolitanas e de as Comunidades intermunicipais de direito público emitirem títulos de dívida, dentro das atribuições e dos limites de endividamento legalmente estabelecidas para essas entidades.

As áreas metropolitanas, cujo regime jurídico foi recentemente alterado pela Lei n.º 10/2003, de 13 de Maio, são *"pessoas colectivas de natureza associativa e de âmbito territorial e visam a prossecução de interesses comuns aos municípios que as integram"* (artigo 2.º), constituídas *"por municípios ligados entre si por um nexo de continuidade territorial"* (artigo 3.º, n.º 1), e que, de acordo com o âmbito territorial e demográfico, podem ser de dois tipos: as Grandes áreas metropolitanas (GAM), compreendendo obrigatoriamente um mínimo de nove municípios com, pelo menos, 350 000 habitantes; e as Comunidades urbanas (ComUrb), compreendendo obrigatoriamente um mínimo de três municípios com, pelo menos, 150 000 habitantes (artigos 1.º, n.º 2 e 3.º, n.º 1 e 2).

Às GAM e às ComUrb cabe a *"articulação dos investimentos municipais de interesse supranacional"*, o *"planeamento e gestão estratégica, económica e* social", a *"gestão territorial na área dos municípios* integrantes", bem como a *"coordenação de actuações entre os municípios e os serviços da administração central"*, em áreas que vão das infra-estruturas de saneamento básico e de abastecimento público, às acessibilidades e transportes, passando pela saúde, educação e ambiente e conservação da natureza e recursos naturais (artigo 6.º).

Dispõem de património e finanças próprias, sendo os seus recursos financeiros provenientes de transferências, co-financiamentos comunitários, taxas pela prestação de serviços, produto da venda de bens e serviços, etc. (artigo 7.º). E, em matéria de

---

[108] *Autarquias Locais, Descentralização e Melhor Gestão*, Ana Bela Santos Bravo e Jorge Vasconcellos e Sá, Verbo, 2000, pág. 88/89.

III – O mercado obrigacionista municipal em Portugal 105

endividamento, estão legalmente habilitadas a *"contrair emprésti-mos a curto, médio e longo prazos junto de quaisquer instituições autorizadas por lei a conceder crédito, nos mesmos termos que os municípios"*, nos termos do artigo 8.º, n.º 1, da Lei n.º 10/2003. Pese embora a inexistência de referência expressa a capacidade de emissão de obrigações, a remissão para o regime de contracção de empréstimos pelos municípios — artigo 23.º e seguintes da Lei das Finanças Locais — parece ir nesse sentido.

Por seu turno, a Lei n.º 11/2003, também de 13 de Maio, veio estabelecer o regime jurídico aplicável às comunidades intermuni-cipais de direito público. São pessoas colectivas de direito público, podendo ser de dois tipos: comunidades intermunicipais de fins gerais, *"constituídas por municípios ligados a si por um nexo ter-ritorial"*, e associações de municípios de fins específicos, criadas para *"a realização de interesses específicos comuns aos municípios que a integram"* (artigos 1.º e 2.º). As suas atribuições coincidem plenamente com as atribuições das áreas metropolitanas, bem como o seu regime patrimonial e financeiro, estando habilitadas para con-trair empréstimos exactamente nos mesmos termos que a GAM e as ComUrb.

A emissão de títulos de dívida pelas GAM, pelas ComUrb, pelas Comunidades intermunicipais ou pelas Associações intermu-nicipais poderá desenhar-se à semelhança das *GO bonds* emitidas por *Special Purpose Districts* norte-americanos, subdivisões polí-ticas criadas com o propósito de desenvolvimento económico e serviços relacionados com áreas residenciais, comerciais ou indus-triais, que podem localizar-se nos limites de uma *"municipality"* (na acepção norte-americana), ou fora dos seus limites, numa *"developing area"*.

Mas não será apenas no ordenamento dos Estados Unidos da América que podemos encontrar soluções e modelos importáveis para o nosso mercado de obrigações municipais, nesta lógica de acção integrada de grupos de municípios. De facto, e como anali-sado na parte segunda deste estudo, a França vive uma experiência de cooperação intermunicipal muito intensa, através da *intercom-munalité*. Mas é curioso verificar que esta forma de cooperação convive com a existência de regiões, transformadas em autarquias locais pela lei da descentralização de 1982.

Ainda que sem uma regionalização que dê corpo a uma verdadeira descentralização, *maxime* financeira, podemos alternativamente explorar esta "regionalização sem regionalização" instituída através do regime das comunidades intermunicipais. Encontram-se em cima da mesa algumas sugestões que, no plano das finanças locais, poderão ser interessantes: a co-responsabilização fiscal dos municípios, pela transferência de competências de cobrança para as comunidades intermunicipais; a constituição de empresas supramunicipais que, baseadas em parcerias público-privadas, poderão desenvolver outras actividades, como a fiscalização de estacionamento, cobrança de serviços públicos; emissão de obrigações pelas comunidades intermunicipais, nas condições que tivemos oportunidade de expor no ponto 1.2, desta terceira parte da análise, com os inerentes efeitos de escala, diluindo os custos das operações de emissão e colocação das emissões.

Efectivamente, já em 1985 Isabel Cabaço Antunes afirmava que *"apesar de se ter procurado incentivar o associativismo através do sistemas de investimentos intermunicipais, a associação de municípios não se traduziu pelo instrumento por excelência preferido pelas autarquias locais para a realização de projectos comuns. No entanto, creio que a definição de uma política de desenvolvimento regional e a especificação do respectivo sistema de financiamento poderão ser as pedras de toque para o incremento da importância das associações de municípios ou de outras formas de cooperação intermunicipal na prossecução das necessidades locais"*[109].

---

[109] *A Autonomia...*, Ob. cit., pág. 32-33.

2.3. Decisões de investimento

a) Avaliação das obrigações

A escolha de uma obrigação depende essencialmente da performance esperada atendendo ao binómio rendibilidade-risco.

A análise da rendibilidade gravita sobretudo em torno da taxa de juro do cupão, por relação com o investimento de aquisição e atendendo, naturalmente, à maturidade da obrigação — num quadro comparativo com a rendibilidade apresentada por outros investimentos disponíveis no mercado.

O risco caracteriza-se pela possibilidade de o rendimento auferido num investimento se afastar do rendimento inicialmente esperado. A avaliação do risco dependerá, claro está, das características específicas da emissão, *maxime* o esquema de vencimento de juros e o modo de reembolso.

Serão particularmente relevantes no contexto do tema que abordamos:

– o risco de taxa de juro, que deriva de alterações no nível das taxas de juro do mercado. Este risco pode consubstanciar-se num custo de oportunidade — tratando-se, por hipótese, da aquisição de uma emissão de taxa fixa não reversível de 2%, e, no prazo de maturidade da obrigação, as taxas de juro do mercado sobem para valor percentual superior — ou num risco real — tratando-se de obrigações de taxa variável indexada, por exemplo, ao PSI 20;

– o risco de preço, uma vez que quando as taxas de juro do mercado sobem, a taxa de rendimento das obrigações exigida pelos investidores também aumentará, pelo que o preço terá forçosamente de descer. Por exemplo, e num quadro de comparação com um banal depósito bancário, quando a taxa de juro fixada pelo Banco Central Europeu sobe, a remuneração dos activos depositados subirá. Para que o potencial investidor opte pelos títulos de dívida obrigacionista, a rendibilidade prometida por estes terá, necessariamente, de ser igual ou superior à taxa de juro do mercado;

– o risco de liquidez, importante em mercados financeiros embrionários ou menos desenvolvidos, e que passa pela antevisão da real probabilidade de venda do título a qualquer momento (no mercado secundário).

b) Isenções Fiscais

A concessão de isenções fiscais é a pedra de toque para o funcionamento e geração de liquidez de um mercado de obrigações municipais, como prova a experiência norte-americana. O menor rendimento proporcionado por estes títulos, por comparação com outros activos disponíveis no mercado, é compensado pelo menor grau de risco que apresentado pelas obrigações municipais e pela isenção de impostos. Nas palavras de Sousa Franco, *"trata-se de uma garantia que pode justificar que (...) os prestamistas optem por um empréstimo público, e também que o Estado pague juros reais ligeiramente inferiores ao normal no mercado"*[110].

Pela associação deste dois elementos, as obrigações municipais acabam por apresentar *yields* muito semelhantes às obrigações privadas.

Esta lógica de isenções fiscais é criticada por importantes autores. Neste sentido, Teixeira Ribeiro pronuncia-se em desfavor das isenções fiscais, que considera uma medida extremamente injusta porque benéfica para os compradores de títulos obrigacionistas, salientado que em ordenamentos jurídico-tributários que consagram um sistema progressivo de tributação do rendimento, tal isenção beneficia quem compra obrigações municipais no mercado a grosso, em grandes quantidades [111].

---

[110] *Finanças...*, Volume II, Ob. cit., pág. 110.

[111] *Lições de Finanças Públicas*, Coimbra Editora, Coimbra, 1989. Também neste sentido se pronunciam Richard e Peggy Musgrave. O seu raciocínio é sintetizado por Luís Carvalho, ao dizer afirmar que para os autores a isenção fiscal *"interfere com a equidade da estrutura de impostos sobre o rendimento, dado que os contribuintes que auferem rendimentos mais elevados e beneficiam destas isenções e benefícios fiscais pagam menos impostos sobre o rendimento*

III – O mercado obrigacionista municipal em Portugal

Desta forma, é essencial definir termos e limites de isenção fiscal, bem como agilizar o regime de concessão de benefícios fiscais.

O primeiro ponto a estipular passa pela definição dos impostos relativamente aos quais impenderá a isenção. Ao nível nacional, a tributação das mais-valias em sede de IRS e IRC, corresponderá aos melhores resultados obtidos no direito comparado.

Ao nível local, atendendo à estrutura da tributação municipal, a isenção apenas poderia impender sobre os impostos a cuja receita os municípios tenham direito. A melhor solução poderia passar pela concessão de isenções fiscais ao munícipe-investidor, em sede de impostos locais, encontrando uma equação que permita relacionar a aquisição de obrigações com a medida da isenção.

Em todo o caso, não poderemos deixar de atender à experiência norte-americana em matéria de isenções fiscais, e a tudo o que já foi dito aquando da abordagem ao mercado norte-americano. A definição destas isenções parte necessariamente da arquitectura escolhida para o sistema e implicará a consequente reforma em sede de legislação tributária.

Problema maior será a articulação entre um regime de isenções fiscais e a proibição de *"quaisquer formas de subsídios e compartipações financeiras aos municípios por parte do Estado, das Regiões Autónomas, dos institutos públicos ou dos fundos autónomos"*, prevista no artigo 7.º, n.º 1, da LFL. A solução poderá passar pela subtracção dos valores correspondentes às isenções fiscais concedidas em sede de IRS e de IRC, aos montantes das transferências financeiras a que os municípios têm direito. No entanto, e de modo a que esta diminuição das transferências do Estado não consubstancie uma erosão insustentável das receitas municipais, tal

---

do que os outros contribuintes que apresentam o mesmo nível de rendimento mas proveniente de outras fontes. Por outro lado, consideram que resulta num menor ganho em termos de juros poupados pelo Governo do que ocorreria se em vez disso fosse fornecido um subsídio directo aos municípios, que implicasse o mesmo montante" (*O endividamento das entidades infra-estaduais*, Seminário de Descentralização Financeira, Faculdade de Direito de Lisboa, 1997/1998, inédito).

subtracção inserir-se num esquema de coordenação entre as isenções e as características específicas de cada emissão, num quadro de expansão das receitas efectivas próprias, *maxime* as taxas.

De qualquer das formas, será útil chamar à colação o conceito de *qualified bond*, nuclear para a concessão de isenções fiscais sobre as mais valias geradas pela aquisição de títulos de dívida pública local no mercado norte-americano: só são subsidiadas as actividades que representam um benefício público significativo.

c) Tipos de investimento financiado

Através da reserva de uma parte da emissão destinada a financiar a construção ou manutenção de infra-estruturas locais para subscrição pela população municipal, o município associa os munícipes aos seus programas de investimento e à sua gestão.

Tal medida traduz-se num apelar ao sentimento popular de proximidade — um certo "bairrismo", um sentimento de pertença e inclusão na comunidade local, um elemento sociológico parcialmente responsável pela adesão dos norte-americanos a esta tipo de investimento e pelo incremento, neste país, das *revenue bonds* em detrimento das GOs. Aquelas permitem uma identificação imediata entre o investimento e a infraestrutura financiada.

De igual modo, incrementa a fiscalização da gestão autárquica por parte do munícipe-investidor, acentuado-se mais uma vez o incremento na transparência, racionalidade e eficiência gestionária, proporcionada pela emissão de obrigações municipais.

IV
Breves Conclusões

No contexto financeiro actual, a necessidade de diversificação das fontes de financiamento municipal é uma realidade inultrapassável. Nessa lógica, procurámos, através da análise de mercados obrigacionistas municipais do Direito comparado, e da sugestão e importação de algumas dessas soluções, edificar um modelo para (um) o mercado de obrigações municipais português.

Foi este o desiderato a que inicialmente nos propusemos, e que julgamos, e sobretudo esperamos, ter atingido. Como tal, não poderíamos terminar esta longa viagem sem proceder a uma última paragem, sumariando as vantagens apontadas do recurso à emissão de obrigações como fonte de financiamento municipal, e resultantes das experiências do direito comparado e da análise empírica levada a cabo.

Desta forma, o financiamento municipal no mercado:
1) permite a obtenção de melhores taxas de juro, por comparação com o crédito bancário.
2) os mercados financeiros oferecem financiamento de prazo maior do que o circuito bancário, pela flexibilidade permitida na definição das características específicas de cada emissão.
3) através da eliminação do risco cambial entre os países que integram o euro e pelas especificidades dos diferentes mercados, pode verificar-se um aumento da diversificação das carteiras dos investimentos em dívida pública municipal; assim, o euro amplifica o interesse dos títulos de dívida municipais, pelo alargamento da base de investidores e

pelo aumento potencial da elasticidade da procura, com um impacto na gestão da dívida pública municipal que a tornará (muito) competitiva.

4) é um bom instrumento de "marketing territorial" para os municípios que queiram adquirir notoriedade europeia e internacional, constituindo um capital de prestígio e reforço do poder local.

5) através da reserva de uma parte da emissão para subscrição pela população do município, para construção ou manutenção de infra-estruturas locais, o município associa os munícipes aos seus programas de investimento e à sua gestão, apelando ao sentimento popular de proximidade — um sentimento de pertença e inclusão na comunidade local, um elemento sociológico parcialmente responsável pela adesão dos norte-americanos a esta tipo de investimento.

6) o financiamento dentro do mercado contribui para uma maior eficiência e transparência na gestão financeira e afectação dos recursos, pelas exigências de informação do próprio mercado de capitais, pelo comportamento dos investidores (que investem em títulos credíveis) pela acção fiscalizadora exercida pelas agências de *rating*, etc.

V
Bibliografia

ACKERMAN, Bruce, *We the people, Transformations*, The Belknap Press of Harvard University Press, Cambridge, Massachusetts, 1998.

ALMEIDA PIRES, FLORBELA, *Direitos e Organização dos Obrigacionistas em Obrigações Internacionais (Obrigações Caravela e Eurobonds)*, Lex, Lisboa, 2001......

Emissão de Valores Mobiliários, Lex, Lisboa, 1999.

BARUCCI, Emilio, *Teoria dei Mercati Finanziari. Equilibrio, Efficienza, Informazione*, il Mulino, 2000.

BIRD, Banco Internacional para a Reconstrução e Desenvolvimento (Grupo Banco Mundial), *Credit Ratings and Bond Issuing at the Subnational Level, Training Manual*, 1999.

BUCHANAN, J. M., e MUSGRAVE, R. A., *Public Finance and Public Choice, Two contrasting vision of the State*, CES ifo, The MIT Press, Second Printing, 2000.

CABAÇO ANTUNES, Isabel, *A Autonomia Financeira dos Municípios Portugueses*, Ministério do Plano e da Administração do Território, 1986.

CALVÃO DA SILVA, João, *Titul[ariz]ação de Créditos. Securitization*, Almedina, 2003.

CÂMARA, Paulo, "Emissão e subscrição de valores mobiliários", *Direito dos Valores Mobiliários*, AAVV, Lisboa, Lex, 1997, pág. 201-241.

CÂNDIDO DE OLIVEIRA, António, *Direito das Autarquias Locais*, Coimbra Editora, 1993.

CASALTA NABAIS, António, "O novo regime das finanças locais", *Forum iustitiae*, Lisboa, n.º 8, Janeiro de 2000, pág. 28-31.

"O quadro jurídico das finanças locais em Portugal", Fisco, n.º 82/83, Ano IX, 1997.

CASTRO MENDES, João, *Direito Comparado*, Lisboa, AAFDL, 1982/3.

CASTRO OSÓRIO, Carlos, *Valores Mobiliários, Conceito e espécies*, 2.ª edição, Universidade Católica Portuguesa, Porto, 1998.

CASTRO, Victor de, "O mercado de capitais a emissão de obrigações pelos municípios", *Municipalis, Técnicas e Equipamentos Municipais*, Ano 4, 1.ª Série, Maio/Junho 1990.

114 Obrigações Municipais

Costa Cabral, Nazaré, *O recurso ao crédito nas autarquias locais portuguesas*, AAFDL, Lisboa, 2003.

Costa Santos, Jorge (coord.), *Reforma da Lei de Enquadramento Orçamental — Trabalhos preparatórios e anteprojecto*, Ministério das Finanças, 1998. "Direito Inerentes aos valores mobiliários (em especial, os direitos equiparados a valores mobiliários e o direito ao dividendo)", *Direito dos Valores Mobiliários*, Revista da Faculdade de Direito de Lisboa, LEX, 1997.

Cousin, Antoine, "Valeurs mobilières sans frontières?: le droit américain et les transactions internationales de valeurs mobilières", *Revue de Droit Bancaire et Financier*, Paris, n.° 3, ami-juin 2001, pág. 190-207.

Derycke, P. H. e Gilbert, G., *Économie publique locale*, Economica, Paris,1988.

Estorninho, Maria João, *Fuga para o Direito Privado*, Almedina, Coimbra, 1996.

Ferreira, Amadeu José, *Direito dos Valores Mobiliários*, AAFDL, Lisboa, 1997.

Ferreira De Almeida, Carlos, Introdução ao Direito Comparado, 2.ª edição, Coimbra, Almedina, 1998.

Freitas Do Amaral, Diogo, *Curso de Direito Administrativo*, 2.ª edição, Volume I, Almedina

García Vinuela, Enrique, *Teoría del gasto público*, Minerva Ediciones, 1999.

Gilbert, G., "Le fédéralisme financier: une approche de microéconomie spatiale", *Revue Économique*, n.° 47, 1996, pág. 311 ss.

Gomes Canotilho, J. J., e Vital Moreira, *Constituição da República Portuguesa Anotada*, 3.ª edição revista, Coimbra Editora, 1993.

Hamilton, Alexander, Madison, James, Jay, John, *O Federalista*, Tradução, Introdução e notas de Viriato Soromenho-Marques e João C. S. Duarte, Edições Colibri, Universalia, Série Ideias, 2003.

Martins, Mário Rui, *As Autarquias Locais na União Europeia*, Edições Asa, 2001.

Miranda, Jorge, *Manual de Direito Constitucional*, Tomo I (Preliminares. O Estado e os Sistemas Constitucionais), 6.ª edição, Coimbra Editora, 1997.

Montalvo, António Rebordão, *O Processo de Mudança e o Novo Modelo da Gestão Pública Municipal*, Almedina, 2003.

Moody´S Investor Service, *Moody's Rating Methodology Handbook*, June 2002.

Morillo, Joaquín García, *La Configuración Constitucional de la Autonomía Local*, Marcial Pons, Madrid, 1998.

Mota Amador, Olívio, e Xarepe Silveiro, Fernando, *Jurisprudência Orçamental (Colectânea)*, AAFDL, Lisboa, 2003.

Mota Pinto, Alexandre, *Do Contrato de Suprimento — O Financiamento da Sociedade entre Capital Próprio e Capital Alheio*, Almedina, 2002.

Musgrave, Richard A., e Musgrave, Peggy. B, *Public Finance in Theory and Practice*, fourth edition, International Student Edition, 1984.

V – Bibliografia

Oliveira Ascensão, José, "Valor Mobiliário e título de crédito", *Direito dos Valores Mobiliários*, AAVV, Lisboa, Lex, 1997, pág. 27-54.

A celebração de negócios em bolsa, Lisboa, Ordem dos Advogados, 1999.

Oliveira Martins, Afonso d', "La descentralización territorial y la regionalización administrativa en Portugal", *Documentación Administrativa*, 257-258, Ministerio de Administraciones Publicas, INAP Mayo-Diciembre 2000.

Oliveira Martins, Margarida Salema d', *O Princípio da Subsidiariedade em Perspectiva Jurídico-Política*, Coimbra Editora, 2003.

"El principio de subsidiariedad y la organización administrativa", *Documentación Administrativa*, 257-258, Ministerio de Administraciones Publicas, INAP Mayo-Diciembre 2000.

Onado, Marco, *Mercati e Intermediari Finanziari. Economia e Regolamentazione*", il Mulino, 2000.

Otero, Paulo, *Legalidade e Vinculação Administrativa. O sentido da Vinculação Administrativa à Juridicidade*", Almedina, 2003.

"Principales tendencias del Derecho de la organización administrativa en Portugal", *Documentación Administrativa*, 257-258, Ministerio de Administraciones Publicas, INAP Mayo-Diciembre 2000.

Pauner Chulvi, Cristina, *El deber constitucional de contribuir al sostenimiento de los gastos públicos*, Centro de Estudios Políticos y Constitucionales, Madrid, 2001.

Paz Ferreira, Eduardo, "O aval do Estado", *Estudos em homenagem ao Prof. Doutor Raúl Ventura*, Faculdade de Direito da Universidade de Lisboa, 2003.

"Problemas de Descentralização Financeira", *Revista da Faculdade de Direito da Universidade de Lisboa*, Volume XXXVIII, n.º 1, pág. 121 ss.

"Em Torno das Constituições Financeira e Fiscal e dos Novos Desafios na Área das Finanças Públicos", *Nos 25 Anos da Constituição da República Portuguesa de 1976*, AAFDL, Lisboa, 2001.

"Títulos de dívida pública e valores mobiliários", *Direito dos Valores Mobiliários*, Volume II, Coimbra Editora, 2000. pág. 31 ss.

"Novos rumos da dívida pública portuguesa", *Colectânea de estudos de homenagem a Francisco Lucas Pires*, UAL, 1998, pág. 73 ss.

Da dívida pública e das garantias dos credores do Estado, Almedina, Coimbra, 1995.

"Regime Jurídico da Emissão de Empréstimos Públicos", *Revista da Banca*, n.º 19, Julho/Setembro de 1991, pág. 71 ss.

"A Dívida Pública Portuguesa. Evolução, Problemas e Perspectivas", *Revista da Banca*, n.º 8, Outubro-Dezembro, 1988, pág. 47-93.

Peng, Jun, "Managing the risk of the variable-rate debt in the public sector",

Municipal Finance Journal, The State and Local Financing and the Public Securities Advisor, Aspen Publishers, Volume 23, Number 4, Winter 2003.

PETERSON, GEORGE E., "Banks or bonds: building a municipal credit market", *ADB Conference on Local Government Finance and Bond Financing*, 2000 (disponível no sítio do *Asian Development Bank*)

PINA, Carlos Costa, Dever de Informação e Responsabilidade pelo Prospecto no Mercado Primário de Valores Mobiliários, Coimbra Editora, 2000.

PINTO BARBOSA, António S., "Nota sobre uma lei explosiva", Boletim Económico do Banco de Portugal, Estudos Económicos, Volume 8, Número 4, Dezembro de 2002, pág. 27 ss.

Economia Pública, McGraw Hill, 1997.

QUELHAS, José Manuel, "Sobre a evolução recente do sistema financeiro (Novos "Produtos Financeiros")", Boletim de Ciências Económicas, Faculdade de Direito da Universidade de Coimbra, 1996.

RAWLS, John, *Uma Teoria da Justiça*, (trad. Carlos Pinto Correia), Editorial Presença, 1993.

ROGEIRO, Nuno, *A Constituição dos EUA, Anotada e seguida de estudo sobre o sistema constitucional dos Estados Unidos*, Gradiva, 1993.

SÁ, Luís, *Razões do Poder Local — Finanças locais, ordenamento do território, Regionalização*, Caminho, 1991.

SANTOS BRAVO, Ana Bela, e VASCONCELOS E SÁ, Jorge A., *Autarquias Locais, Descentralização e Melhor Gestão*, Verbo, 2000.

SANTOS CARVALHO, Joaquim, *O processo orçamental das autarquias locais*, Almedina, Coimbra, 1996.

SÉRVULO CORREIA, José Manuel, *Noções de Direito Administrativo*, Vol. I, Edições Danúbio, 1982.

SILVA DIAS, António, *Financiamento de Sociedades por Emissão de Obrigações*, Quid Juris, 2002.

SILVA, Paula Costa e, "Compra, venda e troca de valores mobiliários", Direito dos Valores Mobiliários, AAVV, Lisboa, Lex, 1997, pág. 243-266.

SOUSA FRANCO, A. L., *Finanças do sector público, Introdução aos subsectores institucionais (Aditamento de Actualização)*, AAFDL, Reimpressão, 2003.

Poupança em Portugal, que futuro?, Vida Económica, 2002.

Finanças Públicas e Direito Financeiro, Volume I, 4.ª Edição — 9.ª Reimpressão, Almedina, Coimbra, 2002.

Finanças Públicas e Direito Financeiro, Volume II, 4.ª Edição — 9.ª Reimpressão, Almedina, Coimbra, 2002.

Relatório Sobre as Medidas para uma Política Sustentável de Estabilidade e Controlo da Despesa Pública, Lisboa, Março de 2002 (em colaboração com Helena Pereira, Isabel Marques da Silva e Carlos Lobo)

V – Bibliografia

"Direito Financeiro", *Dicionário Jurídico da Administração Pública*, Volume IV, Lisboa, 1991, pág. 56-60.

"Dez Anos de Evolução do Direito Financeiro Português 1974-1984", *Revista da Ordem dos Advogados*, Lisboa, 1985.

Sousa Franco, A. L., e Gonçalves Do Cabo, Sérgio, "O financiamento da regulação e supervisão do mercado de valores mobiliários", *Estudos em Homenagem ao Professor Inocêncio Galvão Telles*, Volume V, Direito Público e Vária, Almedina, 2003.

Ter-minassian, Teresa, (editor) *Fiscal Federalism, in Theory and Practice*, International Monetary Fund, Washington, 1997.

Tschentscher, A., *The Basic Law (Grundgesetz): The Constitution of the Federal Republic of Germany (May 23rd, 1949)*, Jurisprudentia Verlag Würzburg, 2003.

Wesalo, Judy Temel, *The Fundamentals of municipal bonds*, The Bond Market Association, John Wiley & Sons, Fifth Edition, 2001.

Vários autores, *Titularização de Créditos*, Instituto de Direito Bancário, Lisboa, 2000.

Vários autores, *Lecturas de Hacienda Publica*, Coord. Juan Francisco Corona, Minerva Ediciones, 1994.

Vários autores, *Revue Française de Finances Publiques, Vingt ans de finances locales: enjeux pour l'avenir*, n.º 81, Mars 2003.

Vital Moreira, "Serviço Público e Concorrência. A Regulação do Sector Eléctrico", *Os Caminhos da Privatização da Administração Pública*, IV Colóquio Luso-Espanhol de Direito Administrativo, Universidade de Coimbra, Coimbra Editora, 2001.

Administração autónoma e associações públicas, Coimbra, Coimbra Editora, 1997.